우리나라 가장 먼저 사제

김대건
안드레아 신부

우리나라 가장 먼저 사제

김대건
안드레아 신부

김영 글 | 신슬기 그림

도토리숲

이야기를 시작하기 전에

우리나라 최초 유학생이자 한국인 첫 사제
김대건 안드레아 신부

　조선 후기 순조 시대에 태어나 천주교 사제가 되는 신학 공부를 하기 위해 1836년 마카오로 떠난 세 소년이 있었어. 세 소년은 김대건 안드레아, 최방제 프란치스코, 최양업 토마스야. 김대건은 우리나라 최초 서양 신학교 유학생이자 한국인 첫 사제가 되었어. 유럽식 신학대학을 졸업한 맨 처음 학생이라고 할 수 있지.

　김대건 신부는 25살에 사제 서품을 받고, 조선으로 돌아와 1년 1개월 남짓 사제 생활을 했어. 26살에 군문효수형을 받고 한강 새남터에서 순교하지. 순조 때 태어나 헌종 때 군문효수형을 당한 김대건 신부는 탄생 200주년이 되는 2021년 유네스코가 선정한 세계 기념 인물이 되었어. 세계 사람들도 알 수 있는 인물이 된 거지.

　김대건 신부는 가장 먼 거리를 여행했다는 여행자의 기록도 가지고 있어. 여행 뒤에는 그 마을의 풍습이나 특이한 것들을 기록했기 때문에 세계 지도를 상세하게 그릴 수 있었대.

　김대건 신부는 옥에서 모진 고문을 받으면서 세계 지도를 색채

화로 완성해서 헌종 임금과 조정 관리들을 놀라게 했어. 조정에서도 김대건의 죽음을 놓고 찬성과 반대 의견이 팽팽하게 맞섰대. 신문물과 세계 정세에 밝은 아까운 인재라서 살려두자고 했지만, 결국은 순교하게 돼. 국법을 어긴 죄야.

김대건 신부가 1845년에 제작한 지도 '조선전도'에는 일본이 자기네 땅이라고 우기는 독도에 대한 새로운 기록이 나왔어. 김대건 신부가 제작했던 조선전도를 보면, 울릉도와 독도가 선명하게 그려져 있거든.

김대건 신부는 외국어에 능통한 통역관이기도 했어. 중국어, 프랑스어, 스페인어, 포르투갈어, 라틴어는 물론 영국 영사와도 의사소통이 가능했대. 서양인들 사이에서도 돋보이는 잘생긴 외모에 근면 성실하고 총명했던 지식인이었어.

김대건 신부는 양반, 상민, 천민으로 나뉜 계급 사회였던 시대에 맞서 인간을 존중하고 끈기 있게 자신의 신념을 굽히지 않았던 분이야. 유네스코는 이런 김대건 신부를 기려 2021년 세계 기념 인물로 선정하였어.

그럼, 지금부터 세계 기념 인물이 된 김대건 신부을 만나러 떠나 볼까!

차 례

이야기를 시작하기 전에 •4
책에 등장하는 인물 •8

충청도 당진 솔뫼마을에서
경기도 용인 골배마실로 •11

'안드레아'로 세례를 받고
 신학생이 되다 •25

한성에서 마카오로,
머나먼 희망의 길 •39

일 년 만에 도착한 아버지 편지•52

조선으로 가기 위한 다섯 번의
탐색 여행과 부제 서품을 받다 •64

7년 만에 조선 땅을 밟고,
조선 순교자들에 대한 보고서를 쓰다 •81

가장 먼저 첫 사제가 되어
조선으로 돌아오다 •92

10년 만에 만난 어머니와
부활절 미사 •108

조선을 유럽에 알린
조선전도를 그린 옥중 생활 •120

새남터에 뿌려진 피 •140

이야기를 마치며 •154
작가의 말 •158
성 김대건 안드레아 신부 연보 •164

책에 등장하는 인물

김대건 안드레아 신부

조선 최초 서양 신학교 유학생으로 1845년에 사제 서품을 받고 한국인 첫 사제가 된다. 1845년 조선으로 돌아와 사목 활동을 하다가, 1846년 한강 새남터에서 순교하였다. 1984년 성인품에 오르며 한국 천주교 성직자들의 주보성인(수호성인)이 된다.

모방 신부(나 베드로)

우리 나라 최초 서양인 신부로, 어린 시절 김대건 신부에게 '안드레아'라는 세례명을 준 프랑스 파리외방전교회 소속 신부이다. 1839년 기해박해 때 순교한다.

페레올 주교

김대건 신부에게 부제 서품과 사제 서품을 준 프랑스 주교. 훌륭한 사제 옆에 묻히고 싶다는 유언으로 경기도 안성 미리내 김대건 신부 묘소 옆에 묻혔다.

최양업 토마스 신부

김대건 안드레아 신부와 마카오신학교에서 함께 신학 공부를 하고, 김대건 신부에 이어 우리나라 두 번째 사제가 된다. 1861년 경신박해를 보고하기 위해 한성으로 가던 중 과로로 숨을 거둔다.

김제준 이냐시오
김대건 안드레아 신부의 아버지. 경기도 골배마실 은이공소 회장을 맡았다. 1839년 기해박해 때 서소문에서 순교한다.

고 우르술라
김대건 안드레아 신부의 어머니. 뒤에 김대건 안드레아 신부 묘소 옆에 묻혔다.

김 프란치스코
김대건 안드레아 신부를 돕는 천주교 비밀 신자.

이민식 빈첸시오
김대건 안드레아 신부가 한강 새남터에서 순교한 뒤, 시신을 경기도 안성 미리내로 옮겨 안장한다. 은이마을에서 김대건 안드레아 신부가 사목 활동을 할 때 복사였다.

충청도 당진 솔뫼마을에서
경기도 용인 골배마실로

    소나무가 우거진 충청남도 당진의 어느 작은 마을 여름 한 날이였어.
"응애, 응~애!!"
오랜 진통 끝에 드디어 아기가 세상에 나왔어.
"아기는 어때요?"
고통을 참으며 어머니가 물었어.
"아기 낳느라 고생 많았어요. 듬직한 사내아이요."
아버지는 겨우 눈을 뜬 갓난아기를 보여 주었어.
"키가 크고 콧날이 오뚝한 것이 당신을 쏙 빼닮았어요."

"어디 봐요. 얼굴도 갸름하고 눈동자도 초롱초롱한 것 좀 봐요. 아주 영민한 아이 같죠?"

"허허, 이 녀석이 방긋방긋 웃는 것 좀 보게나. 성격도 분명 활달할 거야."

"암요, 천주님이 내려 주신 아이인걸요."

김대건은 1821년 8월 21일 충청남도 당진시 우강면 솔뫼마을에서 아버지 김제준 이냐시오와 어머니 고 우르술라 사이에서 태어났어. 어머니가 몸이 약해서 걱정이 많았대. 아기 낳는 진통이 시작되자 할아버지와 할머니, 아버지는 천주님께 아기를 위한 기도를 드리느라 눈을 꼭 감고 있었지.

온 가족의 축복 속에 태어난 대건은 어릴 때 이름은 재복(再福)이고, 대건(大健)은 신학생 때 개명한 이름이야.

김해 김씨 안경공파인 김대건은 1814년에 순교한 증조할아버지 김진후와 1816년에 순교한 작은할아버지 김종한이 있는 독실한 천주교 집안에서 자랐어.

소나무가 많은 당진 솔뫼마을은 대건이 정해박해(1827년에 일어난 천주교 박해)를 피해 할아버지 김택현을 따라 경기도 용인에

있는 골배마실로 떠날 때인 7살까지 살았던 곳이야.

　소나무가 우거진 작은 동산이라는 '솔뫼'라는 이름처럼 솔뫼마을은 솔향이 그윽한 곳이지.

　이 작은 마을에 복음이 전래된 것은 김대건 신부의 할머니 이 씨의 삼촌이자 '내포의 사도'로 불리는 이존창 루도비코가 고향인 충청도 지방 전교를 맡으면서 시작되었어. 그때 충청도 면천에서 군수로 있던 증조할아버지 김진후는 며느리의 신앙생활 모습과 이존창에게 복음을 전해 듣고, 벼슬을 버리고 신앙생활에 전념했어. 그때부터 솔뫼마을은 천주교 교우촌이 되었지. 이것이 김대건 집안이 천주교를 받아들인 인연이야.

　성리학이 근본인 가부장 시대에 며느리의 신앙생활에 감동하여 천주교를 받아들인 증조할아버지 김진후의 깨어 있는 정신도 놀랍지.

　천주교(천주학)는 '서학'(조선 중기 이후 서양에서 전래된 사상과 문물, 천주학이라고도 한다.)이라는 학문을 통해 들어왔어. 중국을 통해 들어온 천주학 교리는 고단하게 살아가는 백성들에게 위안과 희망을 주고 있었지. 조선의 젊은 학자와 지식인 중에는 서학을 공부하면서 천주학을 받아늘이기도 했어. 이때 천주교를 믿는 사람들이 빠르게 늘어나면서 세상은 조금씩 변화하는 듯했어.

하지만 조정에서는 외세 문물이 들어오는 것을 막고 있었고, 권력 다툼으로 당쟁이 끊이지 않았어. 천주학은 유교에서 중요시했던 제사를 거부한다는 문제와 신분 계급을 무시하고 인간은 평등하고 존중받을 권리가 있다는 신념을 권력자들은 도전으로 받아들였어. 이에 조정은 외세 문물을 막고, 권력을 지키려고 천주교 박해를 가해 많은 목숨을 빼앗았지.

천주교는 신분 제약이 있었던 중인 계급과 불평등한 대우를 받아도 참아야 하는 천민 계급, 그리고 부인들이 특별히 많이 믿었어.

"들었나? 천주님은 우리 같은 천민들도 똑같이 위해 주시는 분이라네."

"에이, 그런 말도 안 되는 소릴 누가 하던가?"

"지난 보름에 재복이네 집에서 들은 기분 좋은 말씀일세."

"행여나 그런 소리 두 번 다시 입 밖에 내지 말게나. 자네나

나나 평생 양반들 뒷바라지나 해야 하는 머슴 신세 아닌가."

"재복이네 어르신들 보고도 그런 말이 나오나? 지난 보릿고개 때 굶어 죽을 뻔했을 때 하루가 멀다고 보리쌀을 가져다주셨잖은가?"

"맞네, 맞아. 재복이네도 그리 넉넉한 살림은 아닌데, 나눠 주셨지. 그 어르신들은 우리 같은 머슴들에게도 하대하지 않고 말도 높여 주시지."

"재복이네 어르신은 전에는 엄청난 부자 양반이었다지. 보이지도 않는 천주님을 믿는다고 어르신이 잡혀가고 집안이 아주 풍비박산이 되었지."

"벌써 이십 년이 지났네. 이존창 어르신이 우리 동네에 오실 때마다 새로운 세상 소식도 듣고 우리도 양반들과 똑같은 사람이구나 하고 알게 되었지."

"못된 양반 같지 않은 선한 양반님이야. 그분들이 천주님을 믿는다는데, 우리도 믿어도 되지 않을까?"

"먹고살 하루 양식도 없는 처지에 무슨 천주님이야. 어서 일이나 하세."

"그건 그렇지."

마을에서 남의집살이하는 소작농이나 나무꾼들은 양반들이 명령하는 대로 움직여야 했어. 억울한 일을 당하고도 속 시원하게 말할 수조차 없었지. 태어났을 때 이미 정해진 신분대로 살아가야 하는 계급 사회였으니까.

그런데 천주교 교리는 모든 사람은 다 같이 평등하고 소중하다는 거야. 천주님을 믿기만 하면 천당에 갈 수 있다는 '다음 세상'에 대한 신앙 교리에 점차 사람들이 공감하기 시작했지.

햇살이 맑간 날 재복은 마루에 앉아 책을 읽고 있었어.

옆집 행랑아범 장쇠가 물이 뚝뚝 떨어지는 커다란 바구니를 들고 왔어.

"그간 평안하셨습니까, 도련님?"

"도련님 말고 재복아, 이렇게 불러주시는 편이 듣기 좋아요."

"헤헤, 도련님도 참."

"하늘 아래 살아가는 우리는 같은 형제라 하였소. 그러니 모두 한 가족이오."

"오늘 바닷가에 나갔다가 떠밀려 온 갑오징어 몇 마리를 가져왔습니다. 전복이랑 물미역도 넉넉히 땄구요."

마침 집으로 들어오던 할머니가 바구니를 보았어.

"행랑아범 먹을 것도 부족한데, 이리 많이 주면 되나? 어여 아이들 갖다 먹여."

"아닙니다. 쇤네는 내일 또 바닷가에 가면 되지요."

"전복죽을 쑤어 도련님 주세요. 얼굴이 허연 것이 아파 보입니다요."

"고맙네. 재복이 얼른 튼튼해져야 할 텐데, 배가 자주 아파 걱정이 많네."

할머니는 부엌에서 그릇을 가져와 갑오징어랑 전복, 물미역을 담았어.

재복이 저녁에 전복죽이 놓인 밥상에서 할머니를 보았어.

"할머니, 제 몫을 좀 덜어 가도 될까요?"

"왜 그러느냐? 더 먹지 않고서."

"가져다줄 데가 있어요."

재복은 전복죽을 들고 산 아래에 사는 동무 삼월을 찾아갔어. 마침 마당을 쓸고 있던 삼월이 재복을 보고 얼굴이 환해졌어.

"맛난 전복죽이야. 나눠 먹으려고 가져왔어."

"귀한 전복죽을……."

"장쇠 아저씨가 전복을 주셨거든."

"장쇠 아저씨도 고맙고, 재복도 진짜 고마워. 내일 우리 바닷가에 가자. 미역도 따고 고둥도 줍고 바닷물에 발도 담그고 놀자."

재복은 해 질 무렵의 당진 바다를 좋아했어. 하늘 끝에 걸린 주홍빛 해가 바다 끝을 물들이는 모습을 보면 천지를 창조하신 분이 떠올랐거든. 찰싹찰싹 발등을 때리는 파도 소리도 들을수록 정다웠어.

"오늘 밤 푹 자고 내일 꼭 약속 지켜."

재복은 집으로 오는 길목에 우뚝 서 있는 아름드리 고욤나무를 껴안았어. 아프지 않고 동무들과 어울려 놀게 해 달라고 기도하면서.

하지만 재복은 약속을 지키기가 어려웠어. 몸이 병약해서

밖에서 뛰어노는 것보다 방에서 책을 읽는 것을 좋아했지.

"재복아, 책 읽는 것도 좋지만 동무들과 밖에 나가 뛰놀기도 해야지. 몸이 걱정스럽구나. 책 읽기도 건강해야 잘할 수 있단다."

"책 읽을 때는 아픈 것도 모르겠는걸요. 할아버지, 천자문 다 익히면 소학을 가르쳐주세요. 천주교 교리도 더 알고 싶어요. 들을수록 더 알고 싶어져요."

이 시기의 조선은 정조 임금이 세상을 떠나고 어린 순조가 왕이 되면서 대왕대비 김씨가 수렴청정을 하고 있었어. 대왕대비 김씨가 정치에 간섭하면서 조정에서는 대왕대비 김씨 세력인 '벽파'와 반대파인 '시파' 세력 사이에 권력 다툼이 일었어. 그리고 천주교 교인들이 많았던 시파를 몰아내려고, 천주교 박해까지 이어졌어.

1801년에 신유박해가 일어나, 우리나라에 천주교의 씨를 뿌린 한국인 최초로 세례를 받은 이승훈과 첫 외국인 신부인 주문모 중국인 신부를 비롯한 300명이 넘는 사람들이 희생되었어. 대건이 태어나기 20년 전 일이야.

그 뒤로도 상황은 나아지지 않았어. 겨우 목숨을 건진 천주교 교인들은 고향을 떠나 도망자가 되어 깊은 산골에 숨어 살아야 했어. 천주교 교인들은 지방 관헌들이 마을에서 살 수 없게 재산을 빼앗고 괴롭히니 한밤중에 죄인처럼 마을을 떠나야 했어.

재복이 7살이 되던 1827년에 일어난 정해박해를 피해, 재복이네도 충청도 솔뫼마을을 떠나야 했어. 이때 경기도 용인에 있는 은이마을 골배마실로 갔지. 편안히 살던 집도 내놓고 피란민처럼 고향을 떠나 숨어 지낼 곳을 찾아가야만 했어. 아이들은 어른들 손에 이끌려 갔어.

"재복아, 건강하게 잘 살아. 어른이 되면 다시 만날 날이 있을 거야."

어두운 밤 아름드리 고욤나무 아래에서 기다리던 삼월이 재복에게 작별 인사를 했어.

재복은 고개를 끄덕이며 눈물을 참았어.

"어르신 가는 곳에 저희도 함께 갈 수 있나요? 데려가 주세요."

옆집 행랑아범 장쇠와 계동이 지게에 봇짐을 올리고 기다리고 있었어. 솔뫼마을을 떠날 때, 교우들 집안의 동무들도 함께 있어서 힘이 나고 위로가 되었을 거야.

하지만 천주교 박해를 피해 설움과 눈물을 감추고 떠나는 심정은 오죽했을까? 짐 보따리를 이고 지고 가는 행렬은 오늘날 난민처럼 보였을 거야. 겨우 7살이었던 꼬마 재복은 걸음걸음마다 무슨 생각을 했을까?

경기도 용인 골배마실은 재복이 소년 시절을 보낸 곳이야. 솔뫼마을을 떠나 할아버지와 한성 청파동에서 잠시 머물다 왔어. 경기도 용인군 내사면 남곡리(지금의 경기도 용인시 처인구 양지면 남곡리)로 경기도 안성 미리내와 가까운 곳이지.

"솔향 그윽하고 당진 바다가 보이던 솔뫼가 그리워."

"그래도 이곳은 들어오는 곳은 하나지만, 도망갈 곳은 여러 갈래이니 숨어 살기에 딱 좋은 곳이야."

"나무는 맘껏 해 올 수 있으니 부지런만 하면 숯을 구울 수 있으니 다행이지."

"흙도 찰지니 옹기도 아주 튼튼하게 구울 수 있고, 나무껍질도 벗겨 먹고 산열매는 딸 수 있으니 금상첨화지. 허허."

골배마실은 옹기를 내다 팔고, 숯도 굽고 돌멩이 산밭을 일구면서 겨우 배고픔을 달래면서 살아야 하는 깊은 산중이었어. 그래도 언젠가는 신부가 마을에 와서 미사를 드리는 희망을 잃지 않은 천주교 교우들이 함께 어울려 사는 곳이었어.

'안드레아'로 세례를 받고 신학생이 되다

"재복아, 가재 잡으러 가자. 어서 나와 봐."

"어? 지금, 책 읽고 있는데."

"책은 나중에 읽고 우리랑 놀자니까."

"해 떨어지기 전에 얼른 계곡에 가서 가재 잡아 구워 먹자고."

깊은 산골 마을이라 해는 일찍 뒷산 너머로 넘어가고, 밤은 길었어.

"그럴까?"

재복은 가재 잡는 것보다 집에서 책 읽는 걸 좋아했어. 깊은 산골에서 할 수 있는 약초 캐기나 산밭을 일구는 동무들도 많앉지. 해가 뜨면 산속을 오르내리며 열매 따고 가재 잡느라 시간 가는 줄 몰랐어. 땔나무도 해야 하고, 숯도 구워야 하고, 어른들이 하는 일을 돕느라 글자를 모르는 아이들이 무척 많았어.

재복은 어릴 때 할아버지에게 한문을 배웠어. 어려운 글자도 한 번에 익히는 똑똑한 아이였지. 학문에 호기심이 많았고, 참을성도 강하고 생각도 깊었지. 하지만 재복은 또래들처럼 몸이 건강한 편이 아니었어. 자주 앓아눕다 보니 바깥 놀이보다는 집 안에서 지내는 걸 좋아했어.

안성 미리내와 가까운 골배마실은 별들이 밤하늘을 가로지르는 마치 강물 같은 은하수를 자주 볼 수 있었어. '미리내'는 '은하수'를 뜻하는 우리말이야. 또 밤에 기도하는 천주교 교인들의 집에서 비치는 호롱불 불빛들이 은하수처럼 물결을 이루었다고 해.

미리내 지역은 경기도 광주, 시흥, 용인, 양평, 화성, 안성 지역과 함께 초기 천주교 선교를 한 곳 가운데 하나야. 골배마실도 그런 곳이지.

재복이 저녁을 먹고 공부하다 마루에 나오니 어머니가 산나

물을 다듬고 계셨어.

재복은 고개를 들어 하늘을 바라보았어.

"어머니, 오늘 밤은 유난히 은하수가 많이 보여요."

"그야, 공기가 맑은 여름밤이니 그렇지."

"저리 반짝이는 별들을 만드신 분은 솔뫼 소나무도 만드셨고 당진 바다를 만드셨을 테지요?"

"암만, 그렇다마다. 이 세상 만물을 창조하신 천주님이시지."

"울 재복이 솔뫼 생각하고 있구나? 여기보다 먹을거리도 넉넉하고 집도 커서 살기가 좀 편했지."

"네, 어머니. 당진 바다가 보고 싶어요. 바닷물은 흘러 흘러서 큰 나라 청나라까지 가겠지요?"

"왜? 청나라가 궁금하니?"

"예, 어른이 되면 멀리 나가 살아보고 싶어요. 서학이 시작된 서양 세상에도 꼭 가 보고요. 세상 사람들과 어울려 이야기도 듣고 음식도 나누고 싶어요."

재복은 아까부터 유난히 반짝이는 별들을 바라보았어.

"왜 나라 관리들은 천주님을 믿는다고 죽이기까지 할까요?"

"그러게나 말이다. 하늘이 무섭지도 않은지. 어서 좋은 세상이 와야 할 텐데."

어머니는 한숨을 내쉬며 두 손을 가슴에 올렸어.

"재복아, 그만 잠자리에 들어라. 기도하는 것 잊지 말고."

"예, 염려하지 마시고 주무세요."

재복은 눈을 꼭 감고 기도했어.

"천주님을 자유롭게 믿고 서로 사랑하며 살아가는 세상이 오게 해 주세요."

반짝 빛나다가 휘리릭 은하수 물결을 이루는 아름다운 밤하늘엔 천주님이 살고 있다고 했지. 그분이 내려다보신다고 믿었어. 땅에서 일어나는 모든 일을 아시는 분이니 박해로 돌아가신 순교자들을 만나셨을 거라고. 증조할아버지와 작은할아버지, 그리고 천주학을 받아들이고 목숨과 바꾼 이름 모를 순교자들 넋이 반짝인다는 생각을 했어.

재복은 소나무 향이 그윽했던 솔뫼에서 살던 때를 떠올렸어. 태어나기 전부터 있었다는 소나무들. 무성했던 집 근처 소

나무들은 지금도 변함없이 서 있겠지. 문득 문득 아쉬운 생각이 들기도 했어. 몰래 솔뫼마을을 떠나야 했으니까.

하늘 끝까지 닿을 정도로 높은 키다리 소나무를 바라보면서 소나무 위에서 바라보는 곳은 어디일까 상상하면서 꿈을 꿀 수 있었으니까. 양팔을 뻗어도 안지 못했던 굵은 소나무들이 잘 자라기를 기도했어.

재복은 동무들과 당진 바닷가를 신나게 뛰어다니던 기억이 떠오를 때면, 솔뫼를 떠나야 했던 이유를 어렴풋이 알 것 같았어. 뭔가 무서운 일이 생긴 거야. 머물 곳이 없어 할아버지 손을 붙잡고 서울 청파동에서 잠시 살았던 때도 떠올랐어.

"갑자기 야밤에 이사 온 저 사람들 죄인이 아닐까?"

"그러게. 좀 이상한데, 관가에 알려야 하는 것 아냐?"

"조금 기다려 보세. 허튼 행동을 하기만 해 봐라. 바로 관가에 고할 테니까."

낯선 이웃들이 소곤거리며 재복네 가족을 몰래 훔쳐보았어. 잘못한 것이 없는데도 조용히 고개를 숙여야 했지.

동네 사람들의 감시가 점점 심해지자 재복이네 가족은 짐을 싸야 했어. 이렇게 해서 천주교 교인들이 몰래 숨어 사는 경기도 용인의 은이마을 골배마실로 온 거야.

골배마실에는 은이공소라는 작은 교회가 있었어. '은이'란 이름은 은밀하게 숨어 있는 곳이라는 뜻이야. 아버지 김제준은 공소를 관리하는 회장이었어. 교우들에게 복음 말씀도 전하고, 필요한 일이 생기면 해결도 하는 자리야. 마을에 신부가 오시면 식사와 잠자리도 도와야 하는 봉사직이지.

"아버지는 또 한성에 가셨지요?"

"이번에는 좀 오래 걸리시는구나."

"빨리 오셨으면 좋겠어요. 아버지가 안 계시니 교우님들이 답답하대요. 아버님이 언제 오시느냐고 자꾸만 물어봐요. 저도 한성 소식이 무척이나 궁금해요. 신부님을 무사히 만나셨겠지요?"

"그럼, 항상 자나 깨나 지켜 주시는 천주님이 계시는데."

"이번에도 새 책을 여러 권 가져오시면 좋겠어요."

"책이 그리도 좋으냐?"

"그럼요, 책을 읽으면 가 보지 못한 먼 나라 이야기도 알 수 있고, 무엇보다 천주님 말씀이 좋아요. 온 세상 사람들은 차별 없이 귀한 존재래요. 모두 서로 사랑하며 살아가야 한대요. 우주 만물을 창조하셨다는데, 생각거리가 새록새록 돋아나거든요."

며칠 지나 아버지 김제준은 한성에서 프랑스에서 온 모방 신부를 들키지 않고 몰래 은이공소까지 모시고 왔어.

"세상에나, 우리 마을에 신부님이 오시다니, 이런 경사가 어디 있나? 오, 천주님 감사합니다."

"그런데 무슨 말씀인지 하나도 못 알아듣겠어."

"우리말로 미사 드리면 얼마나 좋을까그려."

"그래도 살아생전에 신부님을 만나다니 꿈만 같네."

교우들은 은이공소를 찾아온 모방 신부를 보고 허리 숙여 깊은 절을 올렸어.

모방 신부는 빙그레 웃기만 했어. 우리말을 몰랐던 거야. 한문과 중국어를 조금 아는 정도였어. 모방 신부는 프랑스 파리 외방전교회 소속으로, 조선 교구가 설립되고 처음으로 우리나라에 들어온 신부님이야.

모방 신부는 성을 '나' 씨로 고치고, '나 베드로'라고 불렀어. 우리말을 제대로 배울 틈도 없이 한성과 지방을 오가면서 교인들에게 세례를 주었어.

아버지는 은이공소 회장을 맡고, 한성을 오가다 보니 모방 신부를 만날 기회가 생겼어. 대화하기는 힘들었지만 손짓, 발짓에 한문을 써 가면서 모방 신부를 은이공소로 모실 수 있었던 거지. 유진길 역관이 이때 통역을 맡아 많은 도움을 주었어. 교우들은 들뜬 마음으로 모방 신부를 기다렸어.

골배마실을 둘러싼 여러 마을에서 은이공소를 찾아온 교우들은 모방 신부를 모시고 미사를 드렸어.

통역이 필요한 서툰 말로 정성을 다해 미사를 진행한 모방 신부는 눈을 크게 뜨고 주위를 살펴보았어. 신학생이 될 만한 총명하고 신앙심 깊은 아이가 있는지 찾은 거야.

이미 한성에는 경기도 과천에서 온 최양업 토마스와 충청남도 홍성에서 온 최방제 프란치스코가 예비 신학생으로 공부하고 있었어. 하지만 모방 신부는 신학생이 더 필요하다고 생각했어. 조정에서는 천주교를 못 믿게 하고, 외국인 신부가 조선에 들어오는 것을 금지했어. 모방 신부는 조선에서 천주교 교우들이 늘어나니 조선인 신부가 꼭 있어야 한다고 생각한 거야.

　모방 신부는 재복을 보고 놀랐어. 침착하고 의젓한 데다 키도 훤칠하고 멋지고, 천주교 교리도 잘 알고 있어서 말이야.

　재복은 은이공소 마당에 무릎을 꿇었어.

　모방 신부가 물었어.

　"참 영특한 아이로다. 세례명은 생각한 것이 있느냐?"

　"'안드레아'란 세례명으로 새롭게 태어나고 싶습니다. 돌아가신 작은할아버지 세례명이 안드레아셨습니다."

　모방 신부는 놀라며, 유진길 역관을 통해 재복에게 물었어.

　"혹시, 사제가 될 생각이 있느냐?"

　모방 신부의 말에 재복과 아버지는 깜짝 놀라서 서로 마주 보았어.

　사제가 되려면 외국에 오랫동안 나가 공부도 해야 하고, 천주교 박해로 목숨을 바쳐야 할지도 모르는 엄청난 뜻이니 말이야. 아버지 김제준은 아들이 사제가 되는 것을 누구보다 바랐지만, 힘든 성직자의 길을 환영만 할 수는 없었어.

"예! 신부님. 신부가 되어 사람들에게 천주님의 말씀을 전하는 일에 온 정성을 다해 보겠습니다."

재복은 목숨도 천주님의 것이니 사제가 되겠다고 했어.

모방 신부는 선뜻 말을 못하는 부모님을 보면서 재복에 대해 다른 걱정을 했어.

'몸이 너무 허약해 보이는데, 먼 나라까지 여행도 해야 하고 힘든 신학 공부를 견뎌 낼 수 있을까?'

"연락할 테니 기다리고 있거라."

모방 신부는 다음을 기약하고, 한성으로 돌아갔어.

모방 신부의 편지가 온 것은 한참 뒤였어.

재복은 할아버지와 부모님께 엎드려 큰절을 올렸어.

"공부 잘하고 돌아오겠습니다. 천주님이 저를 쓰시고자 하는 영광의 길로 가는 것이니 울지 마세요, 어머니."

재복은 눈물을 훔치는 어머니를 꼭 안아 드렸어.

1836년 7월, 16살 재복은 '안드레아'라는 세례명으로 첫발을 내디뎠어.

재복은 모방 신부와 최방제 프란치스코와 최양업 토마스가

공부하고 있는 한성으로 갔어.

조선 역사에 기록된 첫 신학생이자 유학생이 탄생한 순간이야.

재복은 신학 공부를 위해 잠시 가족과 떨어질 줄 알았지만, 10년이 지나서야 골배마실로 오게 돼.

한성에서 마카오로, 머나먼 희망의 길

1836년 7월 11일 모방 신부는 한성에 온 재복에게 최방제 프란치스코와 최양업 토마스를 소개했어. 최방제는 충청남도 홍성 출신으로 재복보다 한 살 많았고, 최양업은 충청남도 청양 다락골 출신으로 재복과 나이가 같았어. 최방제는 17살, 최양업과 재복은 16살이었어. 재복과 최양업은 진외(아버지의 외가) 6촌으로 먼 친척 사이이기도 해. 최양업은 재복이 할머니 형제의 손자야.

재복은 한성에 오고 나서, 앞으로 조선 교회를 크게 일으켜 세울 인물이 되겠다는 뜻에서 이름을 '대건'으로 바꿨어.

"최양업 토마스는 2월에 왔고 최방제 프란치스코는 3월에 와 중국어와 라틴어를 배우고 있어. 안드레아는 좀 늦게 시작하니 더 열심히 하자."

대건은 할아버지 밑에서 한문만 깨쳤지만, 자신감은 넘쳤어. 어려서부터 총명한 데다 성실하게 공부하니 최방제와 최양업을 금세 따라잡았지.

대건은 한성에서 지내면서 다정하신 부모님과 인자하신 할아버지와 골배마실 동무들이 떠오를 때가 많았어. 하지만 대건은 참을성이 강했고, 신앙심 또한 대단했지. 몸이 약해서 자주 앓아눕기도 했지만, 어린 시절부터 자연스럽게 꿈꾸던 신부가 되는 것에 곰곰이 생각했어.

대건과 최방제, 최양업은 모방 신부님 앞에서 순명과 복종을 약속하는 신학생 선서를 했어. 성경책에 손을 얹고 굳게 맹세했지.

"성부와 성자와 성령의 이름으로 지킬 것을 약속합니다, 아멘."

'순명'이란 하늘의 명령에 순종하는 것인데, 천주님을 위해

죽을 수 있다면 그보다 더 큰 영광이 없다고 생각했어.

모방 신부는 천주교 박해 때문에 하루빨리 대건과 최방제, 최양업을 나라 밖 신학교로 보낼 방법을 찾고 있었어.

마침내 1836년 12월 대건과 최방제, 최양업은 한성을 떠났어. 국경을 넘으려면 압록강이 꽁꽁 얼어야 해서 추운 겨울을 택한 거야. 길을 안내해 줄 천주교 교우들도 같이 갔어. 정하상, 현석문, 조신철, 이광렬이라는 분들이야. 이분들은 대건과 최방제, 최양업을 청나라에 있는 프랑스 샤스탕 신부에게 무사히 안내하고, 샤스탕 신부를 들키지 않고 조선으로 모셔 와야 했어. 다행히 정하상과 조신철은 청나라에 다녀온 적이 있어서 어디로 가야 할 지 잘 알고 있었어.

국경을 넘자마자 미리 준비해 간 청나라 옷으로 갈아입었어. 청나라로 가는 사신 일행이 아니면 국경을 넘기가 힘들었어. 더구나 천주교 교인들이 국경을 오가는 일은 엄격히 금하던 때였으니, 청나라 옷을 갈아입고 청나라 사람처럼 보여야 했지.

일행은 변문(조선과 청나라 국경에 설치한 청나라로 입국하는 사람들을 검문하던 관문) 가까이 있는 청나라 천주교인 집의 비밀 장소에 도착해서 모방 신부 편지를 샤스탕 신부에게 전했어.

"마카오가 좋겠습니다."

마카오에는 중국인을 위한 신학교와 프랑스 파리외방전교회 지부가 있었어. 마카오는 중국 광둥시에서 남서쪽으로 120킬로미터 떨어져 있는 곳으로, 포르투갈이 지배하고 있었어. 청나라와 서양의 무역 교류가 활발했고, 선교사들의 거점 활동 지역이었지.

샤스탕 신부는 먼저 대건과 최방제, 최양업을 베이징으로 보냈어. 샤스탕 신부의 도움으로 청나라 천주교 교우 안내자와 여비도 모을 수 있었어.

"자, 이 소개장을 가지고 로마 교황청 포교성 직속 마카오 경리부를 찾아가세요. 하느님께서 함께해 주실 것이니, 아무 걱정하지 말고 길을 떠나도록 하세요."

대건과 최방제, 최양업은 조선에서부터 안내해 준 분들과 샤스탕 신부에게 작별 인사를 올렸어. 청나라 옷과 방한모자와 여비를 마련해 준 청나라 교우에게도 인사했지.

이제 사춘기인 소년들이 사제가 되어 조선에 복음을 전해야 한다는 엄청난 사명을 가슴속에 품은 채 머나먼 길을 떠났어. 희망을 품고.

대건과 최방제, 최양업이 싸락눈과 흙먼지가 귓전을 때리고 얼굴을 내리치는 광야를 걸어 청나라 북쪽 베이징에 도착했을 때는 조선의 첫 세례자였던 이승훈 베드로를 기억했어.

"이승훈이란 분이 일찍이 이곳 천주교 회당을 찾아가 세례를 받고 신자가 되셨지. 그분의 수고로움과 희생 덕분에 우리가 여기에 오게 된 것 같아."

"맞아, 먼저 길을 닦아 놓으셨다고 할 수 있지."

"이토록 머나먼 길인 줄 직접 와 보지 않으면 절대 알 수 없는 거야."

대건과 최방제, 최양업은 신앙의 뿌리를 내려 준 분들의 발걸음을 새기며 용기를 얻었어. 한성을 떠난 지, 8개월이 지나 드디어 1837년 6월 7일 마카오에 도착했어.

대건과 최방제, 최양업은 프랑스 파리외방전교회 소속의 리부아 신부를 찾아갔어. 리부아 신부는 처음에는 구걸하러 온 사람들인 줄 알았어. 대건과 최방제, 최양업은 자신들의 차림

새를 보고 나서야 거지꼴임을 알았지. 땀에 젖은 옷과 다 해진 신발, 길게 자란 덥수룩한 머리까지 부끄러울 정도였지.

최방제 프란치스코가 나서서 모방 신부의 편지와 샤스탕 신부의 소개장을 리부아 신부에게 전해 주며 말했어.

"조선에서 모방 신부님이 보낸 신학생들입니다. 한성에서 베이징을 지나오는 동안 봄이 지나고 여름 초입에 다다랐습니다. 저희는 중국 대륙과 바다와 산과 강을 넘어왔습니다. 지쳐 쓰러져 어느 곳이든 잠을 청하고 배고프면 아무것이나 먹었습니다. 몸이 약한 대건은 자주 넘어졌지만, 또다시 일어나 걸었습니다. 불안하고 걱정이 들 때마다 두려움 속에서 지켜 주시는 천주님을 굳게 믿고 희망을 품고 마카오에 왔습니다."

샤스탕 신부의 소개장을 읽은 프랑스 신부 르그레조아는 조선에서 온 세 학생을 다른 곳으로 보내지 않고 마카오 교회 경리부에서 가르치기로 했어. 다시 중국 바깥으로 여행시키기에는 너무 안쓰럽다고 생각했기 때문이야. 르그레조아 신부는 마카오에서도 충분히 가르칠 수 있다고 여겼어.

눈빛만 봐도 열의가 넘치는 세 학생을 보면 당연했을 거야.

모방 신부님께

신부님이 보내 주신 조선의 세 학생은 무척 영리하고 총명해 보입니다. 무척이나 힘들게 이곳까지 왔는데 또다시 고생을 시키고 싶지는 않습니다. 페낭이나 마닐라의 신학교에 보내는 것은 적절하지 않다고 생각됩니다. 낯선 언어도 2, 3년 새로 배워야 하고, 보낸다고 해도 책임지고 돌볼 사람도 마땅히 없습니다. 이런저런 이유로 우리 신학교에서 공부하도록 결정하였습니다. 칼레리 신부님을 교장 신부로, 데플레시 신부님을 교수 신부로 위촉했습니다. 세 소년은 눈빛이 총명하고 부드럽습니다. 겸손하며, 순명의 자세를 간직하고 있어서 사제의 참된 성품을 골고루 갖추었습니다. 하느님의 종으로 적합한 인재들을 보내주셔서 감사드립니다.

-르그레조아 신부 올림

대건과 최방제, 최양업은 라틴어부터 집중해서 배웠어. 라틴어 기초를 닦은 뒤에는 수학, 지리, 역사, 음악 같은 여러 학문을 배웠지. 일단 공부를 시작하고 보니, 세 사람의 성격이 뚜렷이 드러났어. 최방제는 맏이답게 침착하고 말이 없는 편이었고, 최양업은 상냥하고 온순하고 친절했어. 대건은 성격이 엄청 활달하고 말솜씨가 뛰어나 지도자 같은 인품을 드러냈지.

　신학 공부를 시작한 지 얼마 지나지 않은 1837년 8월 마카오에서 민란이 일어났어. 청나라 사람들이 외국 사람들을 공격했지. 대건과 최방제, 최양업은 어쩔 수 없이 필리핀 마닐라로 피신을 가야 했어. 대건은 뱃길 따라 마카오에서 마닐라로 가는 동안 떠나온 고향이 떠올랐어.

　'바다 물결을 따라 가면 조선에 닿을 수 있을 텐데……. 언제쯤 공부를 끝내고 신부가 되어 조선으로 돌아가 복음을 전할 수 있을까? 고향에 있는 부모님과 교우들은 별 탈 없으신지…….'

　마닐라신학교에서도 학습은 계획대로 진행되었어. 특히, 대건은 외국어 학습 능력이 뛰어나서 라틴어로 성경을 해독하고 중국어와 프랑스어 회화도 가능했지. 포르투갈어도 익히자 5개 국어를 하는 실력자가 되었어.

　신학 공부를 지도하던 칼레리 교장 신부가 파리신학교 트송 신부에게 쓴 편지야.

트송 신부님 보세요.

얼마 전에 모방 신부가 저에게 보낸 세 명의 조선 소년들은 신학생으로 열심히 공부하고 있습니다. 이들은 신앙심, 겸손, 면학은 물론이고 스승 신부에 대한 존경심 등 모든 면에서 나무랄 데가 없이 훌륭합니다. 사제가 될 조건을 충분히 갖추었습니다. 딱 한 가지, 이들은 음정이 전혀 맞지 않는 깨진 목소리를 갖고 있습니다. 하나도 아닌 모두가 음정 박자에 약합니다. 우선 조선 노래와 비슷한 몇 곡의 교회 성가를 가르치려 합니다. 고민하다가 부탁드립니다. 조그마한 손풍금이 하나 있으면 큰 도움이 될 듯합니다. 제멋대로 깨지는 음정을 바로잡아 줄 수 있을 것 같습니다.

— 1837년 10월 6일 칼레리 신부가

신부가 미사를 집전할 때 전례 부분에서 노래를 해야 해. 노래를 아주 잘하면 좋겠지만, 노래를 너무 못해도 분심이 들기 때문에 음을 어느 정도 바로잡기는 필요했을 거야. 성가를 선창할 때도 음정을 정확하게 잡아 주면 신자들의 성가 소리도 한층 높아지는 효과도 무시하기 힘들지.

깨진 목소리라는 표현이 좀 우스운데, 세 소년이 성가를 부르거나 전례 부분에서 음을 잡아야 할 때 무척 곤혹스러워했을 것 같아. 한 명이라도 잘했으면 서로 도와 가며 연습할 수 있었을 텐데, 세 명이 하나같이 음치 소년이었으니 가르치는 신부님이 힘드셨나 봐.

마카오에 온 지 일 년 반이 되었을 때 맏형인 최방제 프란치스코가 병으로 앓아누웠어. 마카오에 학질(말라리아)이 유행했는데, 그만 최방제가 걸린 거야. 최양업과 김대건은 공부가 되지 않았지. 밤낮으로 간호를 지극 정성으로 하고, 신부들도 약을 구해 와 돌보느라 정신이 없었어.

"형님, 공부도 아직 멀었고 복음 전파는 아직도 아득한데 이렇게 누워 있으면 어떡해요. 정신을 굳게 하고 일어나세요."

"형님, 천주님께서 함께하십니다. 곧 일어나실 거예요."

"동생들을 두고 내가 천주님 곁으로 먼저 가게 되었네. 동생들은 꼭 훌륭한 사제가 되도록 하시오. 하늘나라에 먼저 가서 기다리겠네."

1838년 11월 27일 최방제 프란치스코는 머나먼 마카오에서

눈을 감고 말았어. 친형처럼 의지했던 최방제가 하늘나라로 떠나자 대건과 최양업은 장례식을 치르고도 오랫동안 서로 부둥켜안고 통곡했어. 두 사람의 울음소리를 듣는 스승 신부들 탄식까지 더해져서 마카오 밤하늘은 더욱 어둡기만 했어.

대건과 최양업은 스승 신부들까지 힘들어하자 더 이상 울 수만은 없었어.

"우리가 기운을 차리고 신부님들을 위로해야 해. 프란치스코 최방제 형의 몫까지 열심히 해야 해. 천주님, 프란치스코 형님을 영원한 안식으로 이끌어 주소서."

대건과 최양업은 손을 꼭 잡고 마음을 모아 간절히 기도했어.

일 년 만에 도착한 아버지 편지

1839년 마카오에 도착한 지 3년이 지났어. 지금은 마카오에서 다시 민란이 다시 일어나, 필리핀 마닐라로 피신을 했어.

대건은 두통에, 복통과 허리가 아파 힘들어했어. 공부는 잘 했지만, 큰 키와 덩치에 다르게 몸이 약했어.

"대건은 저런 몸으로 키는 어찌 큰 거야?"

"키만 컸지, 힘은 하나도 없으니 어찌하면 좋지?"

스승 신부들은 걱정을 했어. 그래서 운동도 할 겸 저녁에 산책을 다 같이 했지.

"산책하니 몸이 가벼워졌어요. 하느님이 병으로 저를 단련시

키나 봐요. 어릴 때도 약했지만, 점점 좋아지고 있어요."

대건은 참을 수 없는 고통이 찾아오면 스스로 위로하면서 이겨냈어.

그 무렵 중국 베이징을 드나들던 천주교 교인 조신철을 통해 아버지 김제준의 편지가 왔어. 중국을 거쳐 먼 바다를 건너오느라 거의 일 년이 걸렸어. 편지가 이 사람 저 사람을 거쳐 무사히 도착한 것이 기적이야.

꿈에서도 그리운 내 아들 대건아, 잘 있느냐? 먼 길을 무사히 갈 수 있도록 한순간도 놓치지 않고 천주님께 기도하고, 지금도 기도하고 있단다. 몸도 허약한 네가 어찌 그 먼 길을 걸어갈 수 있었을까? 모든 것은 하느님께서 하시는 일이니, 걱정 근심은 그리 많이 하지는 않았단다. 이곳 조선의 가족들은 아직은 무사히 잘 지내고 있다. 다행히 샤스탕 신부가 조선에 비밀리에 입국했단다. 외국인 신부님들의 활약으로 우리 신자 수가 일만 명으로 엄청나게 늘었단다.

자랑스러운 내 아들 대건아, 너는 앞으로 큰일을 할 사람이다. 부디 병약한 몸을 잘 간수하고 조심해라. 못난 이 아비는 좀 더 살아보려고 천주교를 믿지 않겠다고 잠깐 배반했지만, 이제는 목숨도 아끼지 않을 생각이다. 너도 마음을 굳게 먹고, 하느님께 모든 걸 바치는 참된 사제가 되기를 언제나 기도하겠다. 부디 잘 지내고 또 연락하마. 참, 옆에서 너의 어머니가 안부를 전해 달라는구나. 사제가 된 내 아들을 그려본다.

-1837년 늦은 가을밤에 아버지 이냐시오 씀

대건은 그리운 아버지를 만난 듯 편지를 품에 꼭 안았어.

"천주님, 감사합니다. 아버지 편지를 받게 해 주시고 고향의 소식을 알게 해 주셨음에. 아버지가 잠시 천주님을 떠난 것을 용서해 주세요."

대건은 아버지의 굳센 신앙심을 알고 있기에 걱정은 하지 않았어.

대건이 마카오에서 아버지의 편지를 받았을 때는 조선에서 기해박해(1839년에 일어난 천주교 박해)가 일어나 수많은 천주교 교인이 포도청으로 끌려가 희생되었어.

우의정 이지연은 천주교를 박해하자는 상소를 임금에게 올렸어.

이 사악하고 본데없는 서양 천주교에 빠진 무리는 마치 오랑캐와 같습니다. 임금도 없고 아비도 어미도 무시하니 오랑캐나 짐승만도 못하나이다.
목숨은 하나이니 살고 싶어 하고 죽음을 싫어하는 것이 인지상정인데, 이해가 되지 않습니다. 이 무리는 하나같이 고문을 우습게 알고 칼톱이나 곤장대에도 두려워하지 않소이다. 기억해 보니 신유년(1801년) 사학(천주교) 박해 뒤에도 놀라지 않고 이 무리는 숨어서 뿌리를 내렸습니다. 뿌리가 싹을 틔워서 크게 덩굴을 뻗게 되었나이다. 움튼 덩굴이 넓은 들판을 덮듯이, 함부로 가볍게 볼 것이 아닙니다. 그래서 이런 나쁜 무리는 잡는 즉시 사형에 처해야 합니다. 또 이 경고의 뜻을 여러 고을과 도에 전해 한성과 시골에서 다섯 집을 한 통으로 만드는 법을 정해 서로 감시하고 고발하게 함이 옳을 듯합니다.

우의정 이지연은 한성과 지방에 '오가작통법'을 세워 이웃끼리 서로 감시하자고 했어.

'오가작통법'은 다섯 집을 하나로 묶던 호적제도야. 천주교를 탄압하는 데 이용했지.

"얘들아, 옆집에 혹시 수상한 사람들이 드나들면 즉시 관가에 고발해야 한다. 천주를 믿는 자들은 임금도 부모도 섬기지 않는 역적 죄인이란다."라고 말이야.

이 상소에 정순왕후 대왕대비 김씨는 이렇게 답했어.

사람이라면 살기를 원합니다. 지난번에도 그러했듯이 천주교에 한번 끌려 들어가면 죽음이 오히려 영광이라 하니 큰일이오. 하루속히 잡아들여 천주교의 뿌리를 확실히 뽑도록 하시오. 듣는 바로는, 궁궐의 궁인도 있다고 하니 기가 찰 일이지요. 잘 살펴보고 진짜 천주교인이면 궁에 말하고 체포하도록 하시오. 또 교인들에게 딸린 아이들에게는 형벌을 쓰기 어려울 테니, 잔혹한 형벌 말고 가벼운 벌을 주었으면

좋겠소. 지독한 형벌을 주는 것은 천주교를 없애기 위한 방도이니, 잘 다스리도록 하시오.

"아이들은 부모를 따라 천주교를 믿는데, 그 어린것들을 매질해야 한다니, 가여워서 어찌할꼬."

대왕대비 김씨는 걱정을 했어. 우의정 이지연이 점점 일을 크게 만들었기 때문이야. 풍양 조씨 조만영의 동생 조인영에게 임금이 관인과 백성을 타이르는 내용을 담은 윤음이라는 문서를 내렸어.

아비 없이 난 자가 누구고 어미 없이 어찌 멀쩡히 자랄 수 있겠느냐? 천주교를 신봉하는 무리는 자신을 낳은 자를 한낱 육신의 부모로 치고, 보이지도 않는 천주를 영혼의 부모로 숭배한다. 그것도 부족하여 조상 대대로 내려온 신주를 부수고 제사를 지내지 않는다고 하니 이러만도 못하다. 성모, 사제, 세례, 견진성사, 고백성사 따위로 이러쿵저러쿵 떠들어 대니, 무속인이나 마술꾼이 세상을 눈속임하는 일과

같다. 그래서 그 사악한 종교에 빠진 자는 신분과 상관없이 반드시 죽음으로써 형벌을 내리도록 하여라.

그래도 천주교를 믿는 사람들은 점점 늘어났어. 천민들은 목숨을 내놓는 것이 물건 취급을 받으면서 사는 것보다 낫다고 생각했어.

"자네, 윤음을 받아 보았나. 살이 덜덜 떨리던걸."

"혹시 그럼 자네도 천주학을 믿고 있었나?"

"쉿! 들었는가? 건넛마을 김 대감은 노비 문서를 불태우고 노비들을 면천해 주셨다네. 그분도 천주학쟁인데, 우리 같은 노비들도 귀한 인간들이라고 자유를 주셨다네."

"우리도 귀한 인간이란 말, 그게 정말인가?"

조정에서 천주교 박해가 심해지자, 교인 정하상이 우의정 이지연에게 반박하는 '재상께 올리는 글'을 썼어.

천주가 가르친 십계는 해로운 것이 없고, 이 도를 한 집안이 지키면 좋은 집안이 될 것이고, 한 나라가 지키면 모두 좋게 될 것이외다.

정하상은 다산 정약용의 큰 형인 정약종의 둘째 아들이야. 정하상도 기해박해 때 순교해. 기해박해는 기해년인 1839년 3월부터 10월까지 일어난 천주교 박해 사건이야. 또 한편으로는 천주교와 가까운 안동 김씨의 세력과 이때 세력을 잡고 있던 풍양 조씨 세력 사이의 권력 싸움이기도 했어.

정하상이 올린 글에 화가 잔뜩 난 우의정 이지연은 전보다 더 천주교 교인을 잡아들이고 가혹한 형벌을 내리게 했어.

대건의 아버지 김제준도 대건이 편지를 받고 한 달 뒤인 1839년 9월 중순에 국사범으로 잡혔어. 국사범은 조선 왕조에 반역할 음모를 꾸몄거나 실천한 죄인을 뜻해. 아주 큰 죄인인 거지. 천주교 교우들은 조선 왕조 기본 이념인 삼강오륜을 부정한다고 해서 국사범으로 분류했어. 아버지 김제준은 사위 곽가의 밀고로 잡혔어. 현상금에 눈이 멀어서 말이야. 결국 사위 곽가도 친족을 고발해서 삼강오륜을 저버렸다고 처형되었어.

대건의 아버지 김제준은 포도청에서 끔찍한 형벌을 받은 뒤, 9월 26일 서소문 밖 네거리에서 44세 나이로 참수형으로 순교했어. 증조할아버지 김진후와 작은할아버지 김종한에 이어 아버지까지 3대에 걸쳐 순교자가 나온 거야.

이때 대건과 마카오에서 함께 공부하고 있는 최양업 토마스의 부모도 목숨을 잃고 말았어.

대건은 기해박해로 아버지와 수많은 천주교 교인이 죽임을 당한 줄도 모른 채, 아버지 편지를 읽고 마음을 놓았어. 안타깝게도 이 편지가 아버지에게 받은 처음이자 마지막 편지였어.

아버지 김제준이 순교하고 난 뒤, 어머니 고 우르술라는 가진 것을 모두 빼앗기고 도망자 신세가 되었어. 어린 동생 난식과 살던 곳을 떠나 집도 없이 떠돌아다녀야 했어.

"혹시, 밥 한술 남는 것이 있으면 좀 주시오. 저 어린 것이 어제부터 먹은 것이 없어 배고파하오."

"거친 보리밥이오만, 좀 드시게나. 재복이는 별일 없을 테니 기운 차리시오."

"참으로 감사합니다."

"오늘 밤은 우리 집에서 묵고 가시오. 좁지만 끼어 잘 수 있을 것이오."

어머니는 교우들의 집을 찾아다니면서 먹을 것과 잠자리를 겨우 해결하며 살아갔어.

만약, 대건이 신학생으로 떠나지 않고 조선에 남아 있었더라면 어찌 되었을까? 죽음 아니면 떠돌이의 삶을 살지 않았을까?

대건과 최양업은 조선의 피비린내 진동하는 박해 소식은 알지 못한 채 열심히 공부를 했어. 마카오에서 일어난 민란이 가라앉자, 1839년 11월에 다시 마카오로 돌아왔어. 그리고 1842년 초까지 공부에만 몰두했지.

1840년에는 라틴어 공부를 끝마쳤어. 다음 해부터는 신학과 철학 공부를 시작했어. 어느새 조선을 떠나온 지 6년이라는 세월이 흘러서 소년이 20대 청년이 되었어.

조선으로 가기 위한 다섯 번의 탐색 여행과 부제 서품을 받다

1842년 2월 어느 날, 청나라와 무역을 하기 위해 프랑스 군함 에리곤호가 마카오에 도착했어. 에리곤호의 제독 세실은 조선으로도 가고 싶어 했어. 세실 제독은 조선말을 할 줄 아는 통역관이 필요해서 리부아 신부를 찾아갔지.

"조선에 가 무역 협상을 하고 싶은데, 통역할 사람을 구해 주시겠습니까? 조선의 왕을 만나 프랑스와 무역 협상을 할 생각입니다."

"마침 조선에서 온 신학생 둘이 여기에서 공부하고 있습니다."

리부아 신부는 청나라 말과 프랑스어와 라틴어 해석이 가능한 대건을 떠올렸어.

"오, 조선 지리에도 밝으면 좋겠군요."

리부아 신부가 김대건을 세실 제독에게 소개했어.

"조선으로 가신다고요? 제가 따라가겠습니다."

대건과 세실 제독 사이의 통역을 돕고 조선으로 가는 길을 알아보기 위해 프랑스 파리외방전교회 경리부 소속 메스트르 신부도 함께하기로 했어. 대건은 꿈에 부풀어 에리곤호에 탑승했어. 에리곤호는 먼저 생필품을 구하기 위해 마닐라로 출발했어. 1842년 2월 21일 아침 마닐라에 도착하자, 대건은 잠시 동안 마닐라 대교구 신부의 집에서 머물렀지. 그런데 세실 제독이 눈병이 나서 두 달 동안 마닐라에 머물러야 했지.

세실 제독의 눈병이 낫자, 에리곤호는 난징으로 향했어. 양쯔강을 따라 난징으로 가려면 작은 배가 필요했지. 대건은 세실 제독의 부하와 함께 상하이로 가서 작은 배를 구했어. 이때 대건은 난징에서 영국과 청나라의 강화조약 조인식에도 따라갈 수 있었어. 청나라는 영국과 벌인 아편전쟁에서 패하자, 난징에서 영국과 강화조약을 맺은 거야. 세실 제독은 영국과 청나라가 난징조약을 맺자 마음이 바뀌어 조선으로 가는 걸 포기했어. 대건이 조선으로 갈 수 있는 첫 번째 기회가 사라진 거야.

대건은 조선으로 가는 걸 멈출 수 없었어. 조선으로 가는 방법을 찾기 위한 탐색 여행길에 나섰어.

대건은 1842년 12월 23일 청나라 변문에 도착했어. 여기서 대건은 조선에서 중국 황제에게 보내는 동지사 사절단(12월 22일 전후 동지 때 청나라 황제에게 보내는 사절단)을 만날 수 있었어.

대건은 조심스럽게 낯이 익은 사람이 있나 찾아보았어.

"혹시 이름이 어떻게 되세요?"

"저요? 김 프란치스코요."

"팔 년 전 조선에서 청나라로 떠날 때 뵌 적이 있는 것 같습니다. 그때 정하상 님과 조신철 님께 안내받았던 김대건 안드레아입니다."

"그렇습니까? 그럼 바로 제가 찾던 분입니다. 정말 다행입니다."

김 프란치스코는 품 안에서 문서와 편지들을 대건에게 전해 주었어.

앵베르 주교와 샤스탕 신부에게 보내는 편지와 조선에 새로운 신부를 보내 달라는 내용의 문서였어.

"사실, 변문에는 진작 도착했습니다. 아무도 만나지 못해 동지사 사절단에 끼어서 베이징으로 가는 길이었소."

"베이징 말고 변문으로 가서 선교사 신부님을 조선으로 안내해야 하는데, 같이 가 주실 수 있나요?"

"동지사 일행이 의심할 수 있으니 그럴 수는 없습니다."

"그렇군요. 참, 조선에 계신 신부님들은 무사하시지요?"

김 프란치스코는 한동안 말을 잇지 못했어.

"세 분 다 돌아가셨답니다."

순간 대건은 눈물이 핑 돌았어. 앞으로 자신에게도 닥칠 수 있는 모습이 떠올랐지만, 말을 이었어.

"혹시 골배마실 제 부모님 소식은 아십니까?"

침묵이 흘렀어. 김 프란치스코는 발끝만 보고 있었지.

"실은 김제준 아버님, 최양업 부모님 모두 다 칼을 받고 돌아가셨어요."

"아니, 어찌 이럴 수가 있단 말입니까? 어찌 이럴 수가……."

대건은 마닐라에서 아버지 편지를 받고 기뻐하던 생각이 떠올라 더 괴로웠어.

"저희 어머니 소식은요?"

"살아 계시긴 하나, 의지할 데 없어 이 집 저 집 떠돌아다닌다는……."

몸도 허약한 어머니가 이 집 저 집으로 음식을 구걸하고 잠자리를 부탁하는 모습에 대건은 그만 펑펑 울었어.

"당장이라도 조선에 가 봐야 할 것 같습니다. 방법이 없겠습니까?"

간절한 눈으로 바라보는 대건이 안쓰러웠어.

"방법이 있긴 한데, 나무꾼 행세를 해 보세요. 사람들이 눈치채기 전에 이제 가 봐야겠습니다."

대건은 가슴을 두드리다 주먹을 불끈 쥐었어.

"조선으로 가야만 해. 아버지와 최양업 부모님이 돌아가신 곳으로. 어머니가 있는 곳에서 하느님을 위해 일하는 거야!"

대건은 찬 바람이 쌩쌩 불어오는 1842년 12월 29일 혼자 변문을 거쳐 조선에 들어갔지만, 도중에 들킬 위험이 생겨 다시 국경을 넘어 청나라로 돌아갔어.

조선으로 가려던 두 번째 시도가 실패한 거야.

대건은 변문에서 다시 조선으로 들어갈 준비를 했어. 옷도 한 벌 사서, 소매에 은돈 100냥과 금돈 40냥을 숨겼어. 빵과 소금에 절인 생선도 샀지.

대건은 안내해 준 청나라 교인에게 김 프란치스코가 전해 준 문서와 편지를 전달했어.

"이 문서와 편지 그리고 지금까지 들은 이야기를 메스트르 신부님께 꼭 전해 주세요."

대건은 해가 뜨기 전, 새벽에 의주 쪽으로 길을 나섰어. 한참 가다 짐승 울음소리가 들려서 정신 차려 보니 나무할 칼을 놓고 온 걸 알았어. 나무꾼 행세를 해야 하는데 말이야. 다시 변문으로 돌아갔지만, 나무할 칼은 찾지 못했어.

대건은 다시 의주로 갔어. 꽁꽁 언 얼음 위를 쉬지 않고 하루에 50킬로미터를 넘게 걸었어. 멀리 의주가 보였어. 성문에는 등불이 훤했고 세관헌이 지키고 있었지.

'천주님, 도와주소서.'

대건은 화살기도(순간적으로 하느님께 바라는 바를 바치는 기도)를 바치며, 통행증을 검사하는 성문 앞에 도착했어.

통행증이 없는 대건은 눈앞이 캄캄했어.

그때 마침 변문 쪽에서 소 떼를 몰고 오는 사람이 보였어.

'잘됐네. 소들아, 고마워.'

대건은 몸집이 큰 소 옆에 붙어서 자연스럽게 걸었어.

"거기, 통행증 보여 주지 않고 그냥 가오?"

세관헌이 크게 소리쳤지만, 대건은 못 들은 척하고 걸어갔어.

"여보시오? 통행증 검사를 받으라니까!"

대건은 세관헌에게 오히려 화를 냈어.

"무슨 말이오? 통행증 검사는 아까 하지 않았소?"

세관헌이 고개를 갸웃거리는 사이 대건은 재빨리 걸어 성 밖으로 나왔어. 집 한 채 보이지 않는 막막한 들판을 걸어 남쪽으로 30킬로미터를 걸었어.

동이 틀 무렵이 되자, 다리가 욱신거리고 몸이 으스러지도록

덜덜 떨렸어.

둘러보니 길가에 주막집이 보였어. 주막에 먼저 들어와 있던 사람들이 대건을 자세히 살펴보았어.

"여기요. 먹을 것 좀 주시오."

대건은 아무렇지도 않은 듯 말했어.

한 사람이 다가와 대건의 머리카락을 건드렸어.

"머리카락이 쥐색인 데다 새치가 무척이나 많네. 조선 말투도 아니고."

버선을 보더니 더 의기양양 소리쳤어.

"이자는 틀림없는 청나라 놈이야. 청나라 버선을 신었어."

그러자 사람들이 우르르 몰려왔어.

"혹시 도망치는 죄인 아닌가? 관가에 알리자."

대건은 속으로 뜨끔했지만, 너무 지쳐 말없이 앉아 있었어.

"왜들 그러나. 먼 길을 걸어온 것 같은데, 추위나 녹이게 내버려 두게."

한 사람이 편을 들어주자, 대건은 용기를 내어 말했지.

"나는 조선 사람이오. 한동안 청나라에 있다가 조선으로 가는 길이오. 사실이오."

"그게 사실인지 아닌지는 문초를 받아 보면 알 것이오."

"잡혀간다고 해도 걱정 없소. 죄가 없으니 떳떳하오."

"어디로 가는 길이오?"

"한성이오."

"아무래도 수상하니 안 나가면 관가에 고하겠소."

대건은 관헌에게 잡힐 것이 염려되어 주막을 나올 수밖에 없었어.

돈을 많이 지녔으니 강도나 도둑으로 오해받기 쉬웠고, 강도는 국법으로 사형을 하는지라 한성으로 갈 수만은 없었어. 대건은 북쪽으로 걸어갔지. 날이 밝자, 숲으로 들어갔어. 숲은 하얀 눈이 가득 쌓여 있었어. 산짐승이 사람들보다 덜 무섭다는 생각이 들었지.

대건은 배고픔과 추위에 덜덜 떨다가 깜박 잠이 들었어. 그런데 갑자기 씽씽 세찬 눈보라가 대건의 얼굴을 사정없이 내리쳤어.

"안드레아, 어서 일어나! 가야 한다."

어렴풋이 그림자가 보였어.

"나를 따라오너라!"

대건은 따라 걸었어. 바다와 반대편인 길도 없는 곳으로 말이지. 아직 두껍게 얼지도 않은 압록강을 조심조심 걸어 맞은편 언덕에 올라섰어.

조선 사람들이 청나라로 드나드는 길목이었어. 대건은 사람이 없는 한적한 곳을 찾아 청나라 옷으로 갈아입으려다 시간만 보냈어. 또 한참을 걸어 변문에 도착했어. 대건이 여관집에 들어서자 주인이 대건을 쫓아냈어. 거지꼴이었던 거야. 대건은 다른 여관에 들어가서는 돈을 많이 내고 하룻밤을 보낼 수 있었어.

대건은 다시 힘을 내 5일을 쉬지 않고 걸어 1843년 1월 6일에 백가점(白家店, 만주 랴오둥반도 남쪽에 있는 마을)에 도착했어.

조선을 떠나온 지 7년 만에 처음으로 조선 땅을 밟았지만, 중국 땅으로 되돌아온 거야. 조선으로 가려던 세 번째 시도도 실패로 끝났지만, 그나마 무사한 것만으로도 다행이라고 생각했지.

대건은 1843년 4월부터 8월까지 최양업과 신학 공부를 하고, 9월에 변문으로 다시 갔어. 조선으로 갈 방법을 알아보려고 말이야. 이때 대건은 페레올 주교를 찾아온 김 프란시스코를 통해 조선의 소식을 들을 수 있었어. 천주교 박해로 신부를 조선으로 들여보내는 일은 무척 힘들었어.

  대건은 홀로 조선으로 가는 방법을 찾기로 했어. 다시 탐색 여행에 나 선 거야.

  1844년 2월 5일 대건은 페레올 주교의 강복을 받고 썰매를 이용하여 길 안내를 맡은 청나라 교인과 만주 쪽으로 갔어. 어느 주막집에서는 성호 긋는 모습을 보고 음식값과 숙박비도 받지 않는 교인 주인도 만났어. 이곳에서 대건은 중국의 음력설 전날에 귀신을 맞이하는 풍습도 알게 되었지.

  대건은 3월 초에 훈춘에 도착했어. 훈춘에서 15킬로미터 떨어진 곳에 경원이라는 마을이 있었어. 경원은 조선 사람과 청나라 사람들의 왕래가 많은 곳이었어. 마을 시장에서는 청나라와 만주 사람들이 담뱃대, 녹용, 구리, 말, 노새, 나귀들을 주고, 조선 사람들은 바구니, 그릇, 쌀, 밀, 소, 종이, 돗자리,

모피, 조랑말들을 거래했어.

  2년에 한 번 그것도 한나절 동안 시장이 열렸어. 대건은 시장이 열리기까지 일주일을 기다려야 했어. 대건은 만주를 여행하면서 느낀 문화에 대해 편지를 쓰기도 했어.

  공경하올 페레올 주교님께

만주 사람들은 자신만의 민족 문화가 있지 않습니다. 그들의 말로 쓰인 책들은 모두 베이징에 있는 특별위원회에서 청나라 책들을 번역한 것입니다. 이들에게는 자기 문자조차 없습니다. 사용하는 글자는 몽골에서 따온 것입니다. 만주 사람들의 말은 조금씩 사라져 가고 있습니다. 말을 할 줄 아는 사람도 드뭅니다. 100년 뒤에는 책 속에서 과거의 추억으로나 남을 것입니다. 이들의 말은 우리 조선말과 아주 비슷합니다. 아마 수 세기 전의 조선, 그때는 고구려가 이 만주 멀리까지 국경을 넓혔을 때 두 민족이 하나의 왕국을 이루고 살았기 때문일 것입니다. 만주에는 아직 우리 고구려 혈통인 후손들도 살고 있습니다. 또 조선의 무기와 돈, 그릇과 서적들이 묻혀 있는 무덤들이 무척이나 많습니다.

> 1844년 봄.
> 만주에서 불어오는 바람을 맞으며
> 하느님의 신실한 종, 대건 안드레아가 적습니다.

1844년 3월 만주에서 쓴 편지에서 고구려 혈통을 이야기하다니……. 여행에서 느낀 것을 생생하게 나타내는 글이었지.

3월 9일에 시장이 열렸어. 대건은 흰 손수건을 손에 들고 허리띠에는 붉은색 차 주머니를 차고 사람들 사이를 지나다녔어. 조선에서 온 천주교 교인이 알아볼 수 있게 약속한 표시야. 몇 시간이 지나는데도 아무도 아는 체하는 사람이 없었어.

대건이 한참을 기다리다가 복잡한 시장을 빠져나갈 때쯤, 한 사람이 다가왔어.

"당신은 천주교 교인인가요?"

"그렇습니다. 이제야 만났군요."

대건은 그 사람을 따라 시장터로 갔어. 다른 일행이 기다리고 있었지.

중국 사람과 조선 사람들이 대건과 그 사람 일행을 구경하러 모여들었어.

"천주교회는 박해가 있고 나서 좀 평온해졌습니다. 교인들은 위험이 덜한 남쪽으로 피신했어요. 새로 천주교를 믿는 사람들도 늘어나고 있고요."

수군대는 모습이 이상했는지 유심히 쳐다보는 사람들이 많아지자, 대건과 일행은 흥정하는 척했지.

"이 말은 얼마나 하오? 오십 냥이면 사겠소."

"팔십 냥이오."

사람들이 흩어지자 대건은 조선으로 들어갈 방법을 물었어.

"박해가 잠잠해졌어도 외국인 신부를 조선에서 모시기는 어려움이 많을 듯합니다. 그래도 노력은 해 보겠습니다."

대건은 교우들 손을 잡고 작별 인사를 했어. 교우들은 손을 놓지 않고 눈물을 글썽이며 서로 한동안 바라보았어. 대건은 교우들과 헤어지고 나서도 일부러 시장을 돌아다녔어.

대건은 다시 훈춘으로 가기 위해 썰매에 올라탔어. 강 얼음이 녹고 있어서 하는 수 없이 멀리 돌아서 가야 했지.

79

조선으로 가기 위해 두만강 지역을 탐색한 다섯 번째 탐색 여행이었어.

대건은 탐색 여행을 끝내고 돌아와, 8개월 동안 최양업과 신학 공부에 온 힘을 쏟았어. 대건은 23살이 되는 해인 1844년 12월 15일 페레올 주교에게 만주에 있는 소팔가자(小八家子) 성당에서 부제 서품을 받았어. 사제 서품을 받은 신부를 보좌하는 보좌 신부가 된 거야. 나이가 24살이었으면 사제 서품을 받을 수 있었어.

"나이가 한 살 더 많았으면 사제 서품에 올릴 수 있었는데, 아쉽군. 실력들은 이미 출중하니 사제로도 충분한데 말이야."

페레올 주교는 나이 때문에 대건이 사제 서품을 받지 못하는 것을 안타깝게 여겼어.

7년 만에 조선 땅을 밟고, 조선 순교자들에 대한 보고서를 쓰다

 대건은 1844년 연말에 또다시 조선으로 가기 위해 페레올 주교와 몽골에서 출발하여 함께 변문으로 왔어. 1845년 1월 1일 마침 변문에 있던 동지사 사절단 일행과 마주쳤어. 여관으로 찾아온 김 프란치스코와 조선에 들어갈 방법을 상의했어.

 김 프란치스코는 조선의 지금 상황을 이야기했어. 외국인 신부가 조선에 들어오는 일이 불가능해졌거든. 조정에서는 외국인 신부들이 변문을 통해 조선에 입국한다는 사실을 알고 기해박해 때 순교한 프랑스 신부 세 분의 초상화를 걸고 외국인은 잡아들이라고 했어. 이 말을 듣고 페레올 주교는 얼굴이 하얗게 변해 어찌할 바를 몰랐어.

"조선 사신 일행이나 같이 가는 상인들은 의주 관문을 통과할 때 목패를 받아야 합니다. 목패에는 이름과 출생지, 거주지, 관청 도장이 찍혀 있어요. 돌아올 때는 목패를 꼭 돌려줘야 합니다."

방 안 분위기가 무겁게 가라앉았어.

페레올 주교가 입을 열었어.

"그럼, 바닷길로 조선에 갈 수 없을까요?"

"바닷길도 어렵기는 마찬가지입니다. 철통같이 바닷가를 지키는 데다 조선 어부들이 먼바다로 고기잡이 나가는 것도 막고 있어요. 만일 청나라로 배가 가면 배는 불살라 버리고 어부들은 조선에 돌려보내기도 하지만, 대부분 죽는다고 볼 수 있지요."

"할 수 없군요. 이번에도 안드레아 부제만 가고, 나는 때를 기다리겠소. 조선에 가거든 배를 구해 상하이로 오시오."

페레올 주교는 김대건 부제가 무사히 다녀오라고 복을 빌어 주었어.

대건은 밤에 눈이 쌓인 길을 걸어 출발했어. 얼어붙은 강을 건널 때는 발소리가 날까 봐 신을 벗고 버선발로 건넜어. 한기가 발바닥을 타고 올라와 머리카락 한 올까지 바짝 서게 했지. 대건은 소리가 나지 않게 살금살금 걸었어. 굽이굽이 길을 힘겹게 걸어 교우들과 만나기로 한 약속 장소에 도착했어. 그런데 아무도 없는 거야.

대건은 이곳저곳을 찾아다녔어. 그러다가 불안한 생각에 피로까지 겹쳐 어느 집 거름더미에 쓰러졌어. 얼마나 지났을까?

"여기 계시는군요. 신부님을 찾아 헤매고 다녔습니다."

다행히 조선에서 온 교우들을 만날 수 있었어.

대건과 교우들은 말 두 필을 빌려 남쪽으로 달렸어. 5일째 되는 날, 평양에 도착했어. 평양에는 현석문 가롤로와 이재용 토마스가 기다리고 있었어.

"신부님 계실 곳을 충청도 바닷가로 알아보았다가 잘되지 않아 한성 돌우물골에 머물 곳을 마련했습니다."

대건은 어린 시절에 살던 충청도 당진 솔뫼마을에 갈 수 있었으면 좋았을 텐데 하는 마음이 들었어. 어른이 되어 만나자던 동무들이 떠올랐어. 힘들 때마다 달려가서 껴안았던 고욤나무는 얼마나 더 커졌을지 꼭 보고 싶었거든.

찰싹찰싹 시원한 소리로 발등을 간질이던 당진 바다를 볼 수만 있다면……, 천주교 박해로 돌아가신 아버지를 외쳐 부르고 싶은 소원이 와르르 무너졌지.

아쉬운 마음을 감추고 교인의 어깨를 두드렸어.

"괜찮습니다. 고생 많으셨어요."

대건과 일행은 말을 타고도 7일이 걸려 한성 돌우물골에 닿

앉아. 돌우물골(석정동)은 돌틈에서 물이 나오는 우물이 있다고 해서 붙여진 이름이야. 지금의 서울 을지로에 있는 을지로1가와 소공동, 태평로2가에 걸쳐 있던 지역이야.

1845년 1월 15일, 대건은 조그마한 초가집에 짐을 풀 수 있었어. 드디어 7년 만에 조선에 다시 온 거야.

대건은 한 가지 걱정이 있었어.

"저와 최양업 토마스가 신학생으로 마카오로 유학 갔던 사실을 조정에서도 알고 있으니 걱정입니다. 조선에 온 걸 알면 잡아갈 것이니, 비밀에 부쳐 주셨으면 합니다."

"그래도 어머니께는 알려야 하지 않을까요?"

"안 됩니다. 어머니께도 비밀로 하셔야 합니다."

'어머니를 만나고 나면 마음이 약해져 이대로 주저앉고 싶을지도 몰라.'

대건은 눈앞에 어머니와 동생 난식이 어른거렸지만, 고개를 저었어. 자신을 천주님께 성직자로 바치기로 한 일에 전념하기 위해서였지.

일이 태산같이 많았지만, 대건은 몸져누웠어. 가슴과 배, 허

리가 끊어질 듯 아팠어. 보름 동안 꼼짝없이 방 안에 누워 지냈어. 지난 4년간 조선으로 가는 방법을 찾기 위해 무리해서 걷고 긴장했던 탓인지도 몰라. 과로와 영양 부족에 몸과 마음을 혹사했으니, 병이 안 날 수 없었던 거지. 눈병까지 걸려 글조차 읽을 수가 없었어.

대건은 하느님께 간절히 기도했어.

"하느님, 태산 같이 할 일이 많습니다. 하루빨리 병이 낫게 해 주십시오."

이때 조선은 천연두가 유행하여 천연두에 걸린 아이들이 많았어. 대건은 아이들이 몸에 남은 흉터와 괴로워하는 모습에 애가 탔어. 기운을 차려 리부아 신부님에게 도움을 요청하는 편지를 썼어.

공경하올 리부아 신부님께.
저는 이제 중국 강남성으로 가는 길을 개척하고 싶습니다. 아직은 비밀입니다. 그래서 신자 뱃사공들에게는 어디로 간다고 말할 수 없었습니다. 왜냐하면, 우리 조선 배가 국경을 넘어 중국 바닷가에 들어가면 그 배에 탄 사람을 조선으로 되돌려 보내든지, 죄가 있으면 예외 없이 죽이게 되어 있기 때문입니다. 그래서 고민 끝에 항해술이 뛰어난 한 사람만 구해 놓았습니다. 부탁이 하나 더 있습니다. 컴퍼스, 철필(잉크 없이 글씨를 잘 쓸 수 있는 검은 철심이 든 필기도구), 세계 지도가 꼭 필요합니다. 특히, 서해와 중국과 조선의 해변을 자세히 그린 지도를 좀 보내 주십시오.

안타깝게도 지금 조선에서는 귀여운 아기들이 온몸에 반점이 생기고 얼굴이 흉해지는 천연두로 죽어가고 있습니다. 천연두 병을 치료할 방법을 자세히 적어 보내 주시고, 처방이 가능한 약이 있으면 넉넉히 보내 주시기를 존경하는 스승 신부님께 엎드려 부탁드립니다.

-조선 김해 김씨 김안드레아 올림

리부아 신부님은 답장으로 천연두 치료 약과 세계 지도를 보내 주었어. 대건은 천연두 약으로 아이들을 치료하고 보살폈어. 그리고 조선 지도를 만드는 데 힘을 쏟았어.

대건은 '조선'이라는 나라를 외국 선교사들에게 소개하고,

정확한 조선 지도를 만들고 싶은 학문적 욕구가 컸어.

대건은 한성에서 신학생이 될 만한 소년 두 명을 뽑아 가르쳤어. 라틴어를 가르치면서 예비 신학생의 자질을 알려주었지. 이 모든 것은 철저히 비밀로 했어. 대건이 사제로서 본격적인 활동을 시작한 거지.

대건은 한성에 머물면서 기해박해 때 순교한 순교자들의 내용과 자료를 정리한 〈조선 순교사와 순교자들에 관한 보고서〉를 작성했어.

대건은 교인들이 가지고 온 자료와 《기해일기》를 편찬한 현석문 가롤로와 함께 내용을 정리했어. 보고서는 제1장과 제2장으로 구성되어 있어. 제1장에는 1839년까지의 조선 천주교회 역사와 순교사에 대한 자료가 실려 있어. 역사책에도 실린 천주교 기록이지. 제2장에는 천주교 박해로 순교한 조선 순교자들의 보고가 기록되어 있어. 특히 1839년에 일어난 기해박해 내용을 자세히 기록했어. 순교자들의 생애와 관련한 내용이 가장 많고, 어떤 형벌을 받았는지, 옥에 갇혀 지낸 모습과 재판 과정을 기록한 보고서야.

제1장에 있는 조선 천주교회 창립에 관한 내용이야.

동지사로 베이징을 드나들던 조선 사신들이 천주교 책을 가져와 천주교 사상이 퍼져 나갔다. 1783년 겨울, 임금이 중국 베이징에 사절단을 보내게 되었다. 서장관(공식 외교 사절단의 일원으로서, 정사와 부사 다음 직책이며, 주로 기록과 문서 처리를 맡았다)의 아들 이승훈이 따라갔다. 이승훈은 베이징에서 주교를 찾아가 '베드로'라는 이름으로 세례를 받았다. 조선의 첫 세례자가 탄생한 것이다. 1784년 그가 베이징에서 가톨릭교회 책과 성물을 가지고 왔다. 그때부터 학자와 관인들, 지위나 신분의 높고 낮음을 막론하고 모든 계층의 사람이 믿었다. 이승훈이 베이징에 다녀온 지 7년 뒤인 1791년, 조정 대신 가운데 벽파가 시파를 반대하여 싸움이 일어났다. 시파가 천주교를 좋게 보고, 벽파는 원한을 천주교인들에게 쏟았다. 그해에 윤지충이라는 학자가 첫 번째로 순교하게 된다. 좀 평온한 상태가 계속되다가 1795년에 두 번째 을묘박해가 일어났다. 이때 중국인 주문모가 파견되었다. 7년 동안 신자들은 평화를 누렸다. 천주교에 관대했던 정조가 세상을 떠난 뒤 김 대왕대비(정순왕후)가 나라를 다스리게 되어 세 번째 박해가 일어났다.

  대건은 순교자 보고서에 아버지 김제준과 최양업 부모의 순교 장면을 글로 옮길 때는 눈물을 폭포처럼 쏟았어.
  '반드시 사제가 되어 복음을 전하는 일에 최선을 다해야지.'
이렇게 다짐도 하면서.

가장 먼저 첫 사제가 되어
조선으로 돌아오다

　대건은 한성 돌우물골에서 쉬지 않고 조선 천주교회 역사를 기록하고 나서, 배 한 척을 샀어. 청나라 상하이에서 기다리는 조선 교구 총책임자인 페레올 주교를 모셔 오기 위해서였어. 쇠못 대신 나무못으로 나무끼리 이어 만든 배였어. 높은 돛대 두 개에는 가마니로 짠 돛을 매달았으니, 말 그대로 돛단배야. 선실에는 송판을 이어 붙인 멍석과 짚을 깔아놓은 움막이 전부였어. 조그만 거룻배 하나를 배꼬리에 매달고, 바다를 건너는 동안 먹을 식량과 먹을 물을 실었어. 조선에 들어온 지 석 달이 좀 지났을 때야.

어머니 고 우르슬라는 대건이 조선에 있다는 사실을 까맣게 모르고 있었어. 모두 비밀로 했으니 말이야.

1845년 4월 30일, 대건은 현석문 가롤로와 교우 11명과 함께 제물포를 떠나 청나라 상하이로 항해를 시작했어. 상하이로 간다는 것은 비밀이었어.

뱃사공은 어부였던 네 사람 뿐이었어. 한 명은 목수, 나머지 교우들은 배를 타 본 적도 없는 농부들이었지. 상하이까지 간다고 하면 겁에 질려 우왕좌왕 놀랠까 봐 말하지 않았어.

모두 대건이 익숙한 뱃사람인 줄로만 알고 있었지. 대건은 어린 시절 당진 앞바다에서 살았기 때문에 바다에 대한 두려움은 덜했지. 다만, 먼바다를 건너기에 튼튼하지 않은 고깃배 정도 크기의 목선이라는 것이 마음에 걸렸을 뿐이야.

날씨도 햇살이 평화롭게 뱃전에 부딪히고 잔잔한 파도가 어서 떠나라고 재촉하는 듯했어. 한동안은 순항했어. 대건은 순조로운 항해가 펼쳐질 것만 같아 마음이 벅차올랐어.

그런데 출발한 지 얼마 되지 않아 바다 한복판에 들어서니 굵은 빗방울과 폭풍이 몰아치기 시작했어. 검푸른 물결이 뱃전을 휘몰아쳤어. 배는 바이킹처럼 솟구쳤다 떨어지기를 반복했지.

대건도 바닷물에 흠뻑 젖어 온몸이 덜덜 떨렸어. 몸을 가누기가 힘들었고 낡은 목선을 치는 물살이 차갑게 옷을 파고들었어. 뱃전에 들이친 파도에 짚들이 듬성듬성 깔린 허술한 움막도 바닷물에 흥건히 젖어버렸지. 구석에서 서로 껴안고 있던 교우들은 김대건 신부를 바라보고 있었어.

'용기를 내어라. 나다. 두려워하지 마라.'

대건은 마음속으로 성경 구절을 반복했어.

대건은 두 손을 꼭 잡고 무릎을 꿇고 엎드려 기도했어. 몸이 사정없이 흔들리고 있었어.

"천주님, 자비를 베푸소서. 살려주시옵소서."

저절로 간절한 기도가 나왔어.

대건은 함께 배에 탄 교인들의 파랗게 질린 얼굴을 차마 마주 볼 수 없었어.

"성모님, 도와주시옵소서. 육지의 땅처럼 편편하게 바다를 잠재우소서. 파도를 잠재우시고 두려움을 떨치게 도우소서."

사람들은 봇짐을 끌어안고 사시나무 떨듯 떨고 있었어. 아예 죽은 사람처럼 바닥에 납작 엎드린 사람도 있었어.

대건은 돛을 놓치지 않으려고 두 주먹에 힘을 불끈 쥐었어.

"바다의 수호천사 성 안드레아여! 평화롭게 항해할 수 있게 도와주소서."

대건은 쉬지 않고 기도를 드렸어.

하지만 위험은 잦아들지 않았어. 자칫하면 바다에 배가 침몰할 것만 같았어.

"안 되겠소. 거룻배를 잘라 버려야겠소."

"거룻배에 물과 식량이 있는데요."

"빨리 떼어내지 않으면 우리 모두 가라앉을 것이오."

제법 무게가 있던 거룻배를 떼어내자 중심을 잃은 배의 돛대가 부러졌어. 노 젓는 키도 물결에 휩쓸려 사라졌지.

대건은 주머니 속에서 나침반을 꺼내 방향을 알려줬어.

"저쪽이 서쪽이오. 뱃머리를 돌리시오."

대형 고래가 휩쓸고 지나간 듯 집채만 한 파도가 배를 삼킬 듯 두드렸어. 배 안은 비명과 한탄에 울부짖는 아수라장이 따

로 없었지.

"으아, 신부님! 저희를 살려주세요."

대건도 속으로는 겁이 났지만, 애써 침착하게 기도했어.

교우들도 하늘을 바라보며, 두 손을 모아 기도하는 것 말고

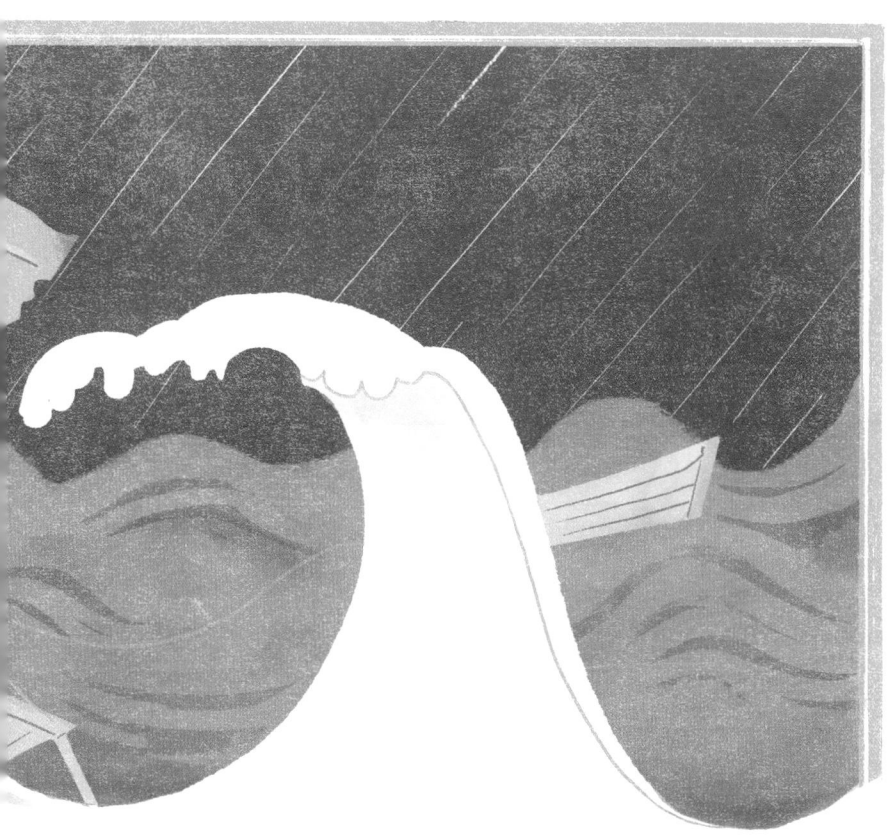

는 다른 방법이 없었어.

대건은 다시 눈을 감았어.

"천주여, 내 천주여. 바다를 걸으신 이여, 바다에 명하여 잠잠하라 이르소서.

제가 할 일이 아직도 많이 남아 있습니다. 제발 도와주소서."

그때 회오리 같은 파도가 배를 넘어 곡선을 그리더니 대건의 몸을 때렸어. 대건은 그만 정신을 잃고 쓰러졌어.

굳센 용기와 침착함도 참을 수 없는 피로와 고통과 거대한 파도를 당해낼 수는 없었어. 몸과 마음이 너무나 상해 있었어. 태풍을 맞은 바다처럼 물살이 요동치는 사흘 밤낮을 보냈어. 정신을 잃었던 대건이 깨어나자, 교우들은 다시 활기를 찾았어.

밤이 되어 배가 출렁거릴 때 달빛도 흔들렸어. 배에 탄 일행은 문득 특별한 기운을 느꼈어. 쉴 새 없이 유독 배 주위를 치고 빠지는 파도에 빛이 반짝거렸어.

"아이고, 신부님, 깨어나시니 저희가 살 것 같습니다. 저는 아직 예비 신자인데, 세례 주시기를 청해도 되겠습니까?"

"예, 당연히 드리지요."

대건은 신부로서 배 위에서 세례를 베풀었어.

"다행히 음식 보따리가 남아 있어요. 조금씩 나눠 먹고 힘냅시다."

"우리가 죽지 않고 살아서 음식을 나누고 감사를 드린다니 기적입니다."

"오! 성모님, 감사합니다!"

그 뒤로도 파도가 조금씩 높아졌지만, 돛단배는 순풍에 돛을 달고 미끄러져 갔지. 하지만 식량도 바닥나고, 상하이에 언제 도착할지 몰라 또다시 불안해졌어.

멀리 배 한 척이 보였어. 대건은 윗옷을 벗어 허공에 흔들기 시작했어. 교우들도 고함을 질렀어. 한참 지나 그 배가 가까이 왔어.

"저희는 조선 사람입니다. 태풍으로 표류하고 있습니다. 구해 주십시오."

대건이 유창한 청나라 말로 공손하게 부탁했어.

"어디로 갑니까?"

"상하이로 가고 있습니다."

"방향이 달라 태워 줄 수 없겠소. 대신 물은 좀 줄 수 있으니 다른 배가 지나가면 부탁해 보시오."

대건은 이 배를 잡지 않으면 죽을 수 있다는 생각이 들었어.

"상하이까지만 데려다주시면 사례금을 넉넉히 드리겠습니다."

"산둥까지는 데려다줄 수 있소. 베이징을 거쳐 조선으로 다시 돌아가시오. 지쳐 보이는데 그 몸으로 상하이에 간들 뭘 할 수 있겠소?"

"오백 냥이면 되겠소?"

이 말에 선장은 특별한 사연이 있음을 알아차렸어.

"저 배를 우리 배 뒤에 매달아라!"

대건과 교우들은 한시름 놓았어. 하지만 바다에서 풍랑에 시달리고 해적선의 공격을 받기도 했어. 간신히 청나라 상하이와 가까운 우쑹항에 올 수 있었어.

"거기 누구냐?"

청나라 관헌들이 수상히 여기고 다가왔어.

"우리는 조선 사람입니다. 풍랑을 만나 가까스로 여기까지 왔습니다. 상하이에서 배를 수리하면 곧장 떠나겠습니다."

대건이 청나라 말로 유창하게 말하니, 오히려 청나라 관헌들은 의심하는 눈초리로 보았어. 때마침 영국군 장교 몇 명이 지나가고 있었어. 대건은 프랑스어로 도움을 청했어.

"우리는 조선에서 온 천주교 교인들입니다. 신부님을 모시러 상하이로 가던 길에 풍랑을 만나 이곳에 왔습니다. 청나라 관헌들이 수상한 사람으로 보고 의심하니 좀 도와주십시오."

프랑스어를 아는 한 장교가 도와주겠다고 나섰어. 이때는 아편전쟁에서 영국이 승리했기 때문에 청나라 관헌들도 영국군 장교 앞에서는 별수 없었지.

1845년 6월 4일 대건과 교우 12명은 상하이에 모두 무사히 도착할 수 있었어.

상하이에서 만나기로 한 페레올 주교가 오지 않자, 대건은 마카오에 있는 리부아 신부와 페레올 주교에게 편지를 보냈어.

페레올 주교가 상하이에 오자, 대건과 현석문, 그리고 교우들은 기쁨에 눈물을 흘렸어. 페레올 주교는 묵주 반지를 선물로 끼워 주며 복을 빌어 주었어.

페레올 주교는 상하이를 떠나기 전에 대건이 나이가 어려 받지 못한 탁덕 성품을 주기로 했어. 탁덕 성품은 사제 성품 성사로, 직접 미사를 집전할 수 있는 신부가 되는 예식이야.

김대건 신부는 '수선 탁덕'이라고도 불려. 탁덕은 덕을 행할 수 있도록 지도하는 사람이라는 뜻으로 예전에는 신부를 탁덕이라고도 불렀어. 그래서 수선 탁덕은 '가장 먼저 신부'라는 뜻이야. 김대건 신부가 조선 사람들 가운데 가장 앞서고 특별히 뛰어난 사제라는 말이기도 해.

우리나라 사제 신부들은 고유 번호가 있어. 김대건 신부가 1번이야. 우리나라 가장 먼저 맨 처음 신부라는 뜻이지.

조선에서 온 천주교 교우들은 사제 성품 성사를 위해 기도하면서 준비했어.

김대건 부제는 며칠 동안 침묵 속에서 온 정성을 다해 기도를 올렸어.

"주여, 내 천주여, 나를 도우시는 이여, 어려운 때에 저를 가르쳐 주신 이여, 앞으로 제가 무엇을 하오리까."

드디어 사제 서품식이 1845년 8월 17일 주일에 상하이에 있는 김가항(金家巷) 성당에서 페레올 주교의 집전으로 이루어졌어. 한국인 첫 사제가 탄생하는 순간이야.

"천주님, 감사합니다. 조선에서 첫 사제가 탄생했습니다."

서품식에 참여한 천주교 교우들은 감사와 찬미의 감동을 눈물로 대신했어.

"천주여, 절대로 이 옷을 벗지 않겠습니다."

대건은 엎드려 울었어.

페레올 주교는 김대건 안드레아 신부를 힘을 다해 안아주었어.

김대건 신부는 1845년 8월 24일 주일에 상하이에서 10킬로미터 정도 떨어진 만당(萬堂)이라는 소신학교에 있는 성당에서

사제로서 첫 미사를 봉헌했어. 다블뤼 신부의 보좌로 서양인 신부 네 사람, 중국인 신부 한 사람, 조선에서 목선에 탑승한 교우들과 만당 성당 신자들이 함께 어울린 작은 미사였어. 우리나라 사제가 올린 뜻깊은 미사였어. 미사를 드리는 동안 모두 감격의 눈물을 흘렸어.

1845년 8월 31일 김대건 신부는 함께 목선을 타고 온 12명 교우와 함께 페레올 주교와 다블뤼 신부를 모시고 조선으로 출발했어. 말끔하게 수리한 배에 오르자, 상하이에 올 때 풍랑을 만나 고생한 일이 생생하게 살아났어. 그 마음을 알아챘는지 페레올 주교가 배가 출발하기 전 큰 소리로 외쳤어.

"이 배 이름은 라파엘호(Raphael-대천사)라 부르겠습니다. 하느님의 대천사가 항상 우리를 지켜줄 것입니다. 아무 걱정하지 마십시오."

라파엘은 페레올 주교의 수호천사이기도 했어.

"네, 저희는 하느님만 믿고 따르겠습니다."

처음에는 순풍이 불어와 마음을 놓았어. 그런데 며칠 지나자 역풍이 몰아쳤어. 배는 오락가락 갈 길을 못 찾아 그 자리에서 떠돌기를 한나절 동안 반복했어. 나무로 만든 배는 태풍 같은 폭풍 안에서 한낱 종잇장처럼 가볍게 춤추듯 파도에 휩쓸렸거든. 방향도 걷잡을 수 없었고 한 치 앞도 볼 수 없는 적막이 찾아왔어. 새벽까지 배 안으로 들어온 물을 퍼내야 했지.

"주교님, 위험합니다. 피하세요. 어서 일어나세요!"

대건이 외치는 소리에 놀라 페레올 주교와 다블뤼 신부가 자리를 피했어. 갑판 위 송판이 무너져서 깔려 죽을 뻔했지.

"주교님과 신부님은 차라리 중국 배에 옮겨 타는 편이 안전할 것 같습니다. 저희는 바다가 익숙한 편이나, 주교님과 신부님은 베이징으로 가셔서 조선 천주교회를 위해 일을 하시는 것이 좋겠습니다."

페레올 주교와 다블뤼 신부의 마음은 찢어질 듯 아팠지만, 대건의 의견에 따르기로 했어.

청나라 배를 발견하고 배에 옮겨 타려 했지만, 쉽지 않았어. 밧줄을 여러 번 던져 주었지만, 한 번도 잡지 못했지. 페레올 주교와 다블뤼 신부는 다시 라파엘호로 조선으로 가기로 했어.

페레올 주교는 하늘을 향해 두 팔을 벌리고 기도를 드렸어.

"라파엘 대천사가 하늘 위에서 우리를 지켜주고 있는 것이 보이지 않소? 조선으로 무사히 이끌어주실 것이오."

이렇게 온갖 고생을 하며 거의 한 달 만에 도착한 곳은 원래 가려던 한강 포구가 아니었어. 제주도 앞바다였어. 풍랑에 표류하다 보니 한성에서 400킬로미터나 떨어진 제주도까지 오게 된 거야. 1845년 9월 28일 제주도 한경면 용수리 포구에 도착했지.

"오히려 잘됐어요. 여기서 이삼 일 정도 배를 수리하고 음식을 준비해서 떠납시다."

1845년 10월 1일 제주도 용수리 포구를 떠난 라파엘호는 10월 12일 충청도 금강 하류에 위치한 충청남도 황산포 나바위에 돛을 내렸어.

페레올 주교와 다블뤼 신부가 충청남도 강경에 머무르는 동안 김대건 신부는 한성으로 올라갔어. 한성과 경기도, 특히 용인을 중심으로 교우들을 방문하고 성사를 집전했어. 본격적인 사목 활동을 시작한 거야. 천주교 교우들은 김대건 신부의 깊은 신앙심과 신심, 말솜씨에 놀랐어. 김대건 신부는 교우들의 존경과 사랑을 얻었지.

　김대건 신부가 페레올 주교와 다블뤼 신부를 한성으로 모셔 오자, 기해박해 때 주교와 신부를 잃고 숨어 지내던 천주교 교우들은 마치 축제 분위기처럼 들떴어. 이제 같은 조선 사람 사제까지 생겼으니, 기쁨에 더 들뜬 거야.

　김대건 신부는 은밀하게 포교 활동을 하면서도 어머니는 찾지 않았어. 교우들을 위한 사목에 열성을 보였어. 사사로운 정보다 사제로서 책임감이 먼저였지.

　보다 못한 페레올 주교가 명령을 내리자, 김대건 신부는 어머니를 만나러 고향 땅을 밟았어.

10년 만에 만난 어머니와 부활절 미사

1846년 4월 12일 부활절을 앞두고 김대건 신부는 어머니 고 우르술라를 만났어.

"어머니, 어머니!"

"……."

어머니 고 우르술라는 들고 있던 묵주를 떨어뜨렸어.

"어머니, 제가 돌아왔습니다."

"누구신지?"

"어머니, 재복입니다."

"재복이?"

"예, 어머니. 제가 신부가 되었습니다."

"신… 신부님? 신부님이 되었다고? 진짜 사제가 되었다고? 우리 아들이?"

"절 받으십시오."

김대건 신부는 땅에 넙죽 엎드려 어머니께 큰절을 올렸어. 어머니도 덥석 손을 잡으며 눈물만 흘렸지.

고향을 떠난 지 10년이란 세월이 지나갔어. 기해박해 때 가족을 잃고 걸인이 되다시피 하며, 이 집 저 집으로 다니며 숨어 산 어머니. 몰라보게 늙고 야윈 어머니를 바라보는 김대건 신부의 눈에서는 눈물이 멈추지 않았어.

"어디 보자, 우리 재복이 맞는지."

어머니는 김대건 신부의 팔을 만져보고 얼굴을 쓰다듬었어. 키가 훤칠한 아들을 보던 어머니는 금세 얼굴이 굳어졌어.

"얼굴이 왜 이리 변했을꼬?"

16살에 떠나 보낸 아들이 26살이 되어 돌아왔으니 몰라보는 것도 당연하지.

천주를 믿는다고 국법을 어긴 죄로 집을 빼앗기고 동생 난

110 김대건 안드레아 신부

식이와 손가락질을 받으며 겨우 살아가던 어머니에게 무슨 말을 할 수 있을까?

김대건 신부의 마음은 고통으로 가득 차서 숨쉬기가 힘들 정도였어. 그저 어머니의 손을 잡고 힘없이 반복했어.

"어머니, 죄송합니다. 어머니, 미안합니다."

더 이상 위로하는 말은 할 수 없었어.

"이제, 이 어미는 죽어도 한이 없구나."

어머니는 눈물 그렁한 눈을 감으며 성호를 그었어.

"천주님, 감사합니다!"

어머니는 두 손을 모으고 하늘을 향해 감사 기도를 드렸어.

아들이 얼마나 어렵고 훌륭한 일을 해내었는지 가늠조차 되지 않았어. 이제는 어엿한 청년이 되어 멋지게 변한 모습을 혼자 보는 것이 너무나도 아쉬운 마음이 들었어.

"네 할아버지와 아버지가 살아 계셨으면 얼마나 좋았을꼬. 대견하고 자랑스러운 사제가 된 모습을 보지 못하고 하늘로 가시다니."

김대건 신부는 매를 맞고 장독이 오른 데다 제대로 먹지도 못해 굶어 죽었다는 할아버지, 할머니를 생각하는 것만으로도 심장이 굳어지는 것 같았어. 순교자 보고서에 쓴 아버지의 모습이 떠올라 눈물이 하염없이 흘러내렸어.

"어머니, 강복해 드리겠습니다."

김대건 신부는 어머니를 보고 십자성호를 긋고 양손을 펼쳐 머리 위에 올렸어. 복을 내리는 손길을 펼쳤다가 앙상하게 뼈가 솟은 등짝을 하염없이 쓰다듬었어.

그날 밤 교우들이 마련해 준 집에서 김대건 신부는 어머니 손을 꼭 붙잡고 잠자리에 들었어. 새벽이 다 되어서야 겨우 잠에 든 김대건 신부는 꿈에서 한학을 가르쳐주시던 할아버지를 만났어. 할아버지는 새하얀 두루마기 도포 자락을 휘날리며 호탕하게 웃었어. 할아버지를 따라가다 잠이 깬 김대건 신부는 벽에 기대어 앉았어.

달빛이 비추는 방 안은 한숨 소리도 들리지 않고 고요했어.

가재 잡으러 간 개울에서 돌멩이를 들추며 깔깔거리던 행복했던 시절이 생각났어. 숯을 만들 때 온몸에 숯검정 칠한 동무들을 바라보며 웃던 모습이 떠올랐어. 숲속에서 산열매를 따

먹고 새까맣게 물든 입술을 보며 서로 놀리던 동무들과 너무 다른 삶을 살고 있다는 것은 분명했어. 앞으로 어떤 일이 일어날 지 알 수 없는 불안감이 찾아왔어.

  김대건 신부는 나쁜 생각이 들자 머리를 세차게 저었어.

  '모든 것의 주인이신 그분께서 이끄시는 대로 살아가자. 마카오로 떠나던 순간부터 다짐하지 않았는가.'

  사제가 되겠다고 떠나던 때와는 전혀 다른 조선의 현실과 싸울 수 없는 이 나약함을 어떻게 극복해야 할지 눈앞이 캄캄했어. 사람을 해치는 종교가 아니지 않나? 천주님을 믿는다는 것이 왜 목숨을 내놓는 일이 되는지도 도저히 이해가 되지 않았어. 서로 사랑하고 낮은 자 높은 자 구별 없이 모두가 세상의 존귀한 존재임을 가르치고 믿는다고 소중한 생명을 내놓을 일인가?

  그동안 고생만 해 온 어머니에게 해 줄 수 있는 것이 없는 김대건 신부는 며칠을 더 지내다 가라는 어머니의 부탁을 들어주기로 했어.

"곧 부활대축일이니, 사제가 된 아들이 드리는 미사를 보고 싶어."

"예, 어머니. 골배마실도 돌아보고 은이공소에서 교우들과 부활대축일 미사를 지내도록 해요."

하지만 어머니와 보낸 오붓한 시간은 길지 않았어.

마을에 신부가 왔다는 소문을 들은 천주교 교우들이 하나 둘 모여들기 시작했어. 외국인 신부도 가뭄에 콩 나듯이 볼 수 있던 교우들은 김대건 신부의 옷자락이라도 만지려고 가까이 모여들었지.

"아유, 안드레아 신부님 아니신가요? 우리 땅에서 태어나시고 우리말을 하시는 신부님이 이곳까지 오시다니요. 꿈인가요, 생시인가요?"

"여러분의 기도 덕분입니다. 앞으로도 저를 위해 많은 기도 부탁드립니다."

"겸손도 하셔라. 기도 잊지 않겠습니다."

"죄 많은 소인에게 고해성사 은총을 베풀어 주세요."

"우리는 모두 죄인이지요. 용기를 내세요."

"우리 며늘아기가 손자를 낳았어요. 유아 세례를 주시지요."

"신앙을 이어 가시니 복덩이군요. 축복 드립니다."

"신부님, 오늘은 우리 집에 오셔서 저녁 드세요. 진수성찬은 아니지만, 제 평생 소원이니 꼭 오셔야 합니다요."

김대건 신부는 긴 여행길에 쓰러질 듯 힘들었지만, 미사를 드리러 오는 교우들의 모습을 바라보는 것만으로도 위로가 되었어. 교우들은 김대건 신부가 뛰어난 말솜씨로 하는 교리를 듣느라 밤이 깊도록 돌아가지 않았어. 궁금한 것을 묻고, 세례를 청하고 고해성사를 보았어. 김대건 신부는 선량한 상민, 가진 것 없는 천민들이 대부분인 교우들을 보면서 가슴이 뭉클했어. 조정에서는 이런 천주교 교인들을 계속 감시하고 있었지.

'천주님, 알려주십시오. 왜 이 나라 조선은 사람의 존귀한 생명을 고문하고 앗아가는 악한 나라가 되어 있고, 언제까지 희망 없는 괴로움 속에서 살아가야 합니까?'

부활대축일 미사에 참례하러 온 교인들은 아침 일찍 동트

기가 무섭게 은이공소로 모여들었어. 가깝다고 해도 산을 넘고 들길을 걸어야 했지. 멀리 충청도에 사는 교우들도 김대건 신부가 드리는 미사에 함께하려고 이른 새벽부터 산을 넘고 강을 건너왔어.

저마다 선물을 들고 왔어. 김이 나는 수수 시루떡, 꼬들꼬들한 보리떡, 딱딱한 쑥떡에 산나물 무침, 말린 생선에 마른 홍합, 달달한 곶감, 삶은 달걀 꾸러미가 차곡차곡 쌓였어.

가난한 마을 신자들이 하나씩 내놓은 음식들로 은이공소 앞마당에서 잔치가 열렸어. 4월은 보릿고개와 비슷한 시기였기에 함께하는 공동체 밥상은 의미가 컸어.

김대건 신부는 고통과 죽음을 이기고 부활하신 주님의 생애를 간략하지만 모두 들려주었어.

"우리말로 교리를 말씀해 주시니, 천주님이 어떤 분인지 명확하게 알 수 있네요. 우리 마을 출신 신부님이라니, 천주님께 감사드립니다."

은이공소는 마을 교우들은 물론 먼 다른 마을 공소에서 온 교우들로 가득 찼고 쉴 새 없이 "아멘!" 소리가 크게 울렸어.

교우들의 우렁찬 목소리가 공소 밖까지 메아리쳤어.

어머니를 곁에 두고, 김대건 신부는 10년 만에 신자들과 밥상에 둘러앉아 기뻐했어. 기웃거리던 동네 아이들도 불러 모아 맛난 점심을 함께 먹었어.

하지만 슬프게도 김대건 신부는 두 번 다시 이곳에 돌아오지 못했지. 천주교 교우들과 함께한 밥상은 마치 예수님이 성목요일에 나눈 최후의 만찬과도 같았어.

부활절 미사가 첫 미사이자 마지막 미사인 줄 몰랐던 어머니와 교우들은 다음을 기약하며 마을 들머리에서 손을 흔들며 배웅했어.

"신부님, 곧 만나요! 안녕히 가세요!"

조선을 유럽에 알린
조선전도를 그린 옥중 생활

    페레올 주교와 다블뤼 신부가 힘들게 들어왔어도 많은 천주교 교우들은 세례조차 받지 못한 채 산속에 숨어 힘들게 살았어. 교우들은 신부님을 모시고 세례를 받고 미사 한 번 드리는 걸 소원으로 여겼어.

    어려운 형편인데도 천주교를 믿는 사람들의 수는 날로 늘어났어. 박해를 피해 천주교를 배반했던 사람들도 돌아오니, 미사를 집전하고 사목 활동을 해야 하는 신부가 부족했어.

    김대건 신부는 청나라에서 조선에 들어오길 기다리는 메스트르 신부와 최양업 토마스 부제를 빨리 조선에 들어오게 하려고 했어.

"육지길은 위험하니 바닷길을 알아보는 것이 좋겠습니다."

교우들에게 도움을 청했어.

"마침 청나라 산둥에서 청나라 어선들이 황해도 연안 연평도에 와서 조기잡이를 하고 있답니다. 5월에 돌아간답니다."

1846년 5월 14일 김대건 신부는 교우들과 한강 마포에서 인천 백령도로 출발했어. 배가 출발하자, 김대건 신부는 한강에서 내려오는 산과 물길들을 빠르게 그렸어. 김대건 신부는 여행할 때마다 쉬지 않고 주변을 그리거나 기록으로 남겼어. 눈으로도 꼼꼼히 담았지.

청나라 어선들이 모여 있다는 백령도에 5월 28일에 도착하여 연평도를 거쳐 등산진에 닿았어.

김대건 신부는 어두워질 때까지 기다렸다가 청나라 어선을 찾아가서 물었어.

"고기가 잘 잡히나요?"

"별로 잡히지 않아요. 어서 고향으로 가고 싶소."

"가족들이 많이 보고 싶겠어요."

"당신도 청나라 사람이오?"

"네. 저는 아직 일이 끝나지 않아 언제 갈지 모르겠어요. 부탁인데, 편지 좀 전해 주시겠어요. 사례는 넉넉히 하겠습니다."

김대건 신부는 페레올 주교의 편지와 황해도 연안의 작은 섬들과 바위와 지리를 그린 조선전도 두 장을 꺼내 전해 줄 사람에 대해 설명했어.

조선전도는 외국인 신부들이 쉽게 조선에 들어오게 하기 위해서 육로와 해로를 그린 지도였어.

"잘 부탁합니다. 꼭 전해 주십시오."

김대건 신부는 의외로 일이 잘 풀려 불안하기까지 했어.

이제 한성으로 돌아갈 차례였지. 그런데 타고 온 배 주인이 조기가 마를 때까지 머물러야 한다고 했어. 함께 타고 온 교우는 7년 동안 숨어 지낸 집에 맡긴 돈을 찾아온다고 해서, 김대건 신부는 기다려야 했지.

그때 인천 순위도 관리대장이 부하 포졸들을 데리고 와서 김대건 신부가 타고 온 배를 빌려 달라고 윽박질렀어.

"청나라 어선을 쫓는 데 필요하니 당장 배를 내놓아라."

"안 됩니다. 양반의 배를 관리들이 빌려 쓸 수 없는 법을 모르시오? 그리고 우리는 곧 떠나야 합니다."

어쩔 수 없이 다른 배를 찾으러 갔던 관리대장은 김대건 신부의 말씨와 생김새에 의문을 품고 포졸들을 이끌고 다시 왔어. 관리대장은 김대건 신부 뒤에서 머리카락을 잡아 풀어헤쳤어.

"흥, 네가 조선 양반이라고? 외국인이다. 어서 묶어라."

포졸들은 김대건 신부에게 발길질에다 주먹질, 몽둥이질까지 마구 퍼부었어. 이 광경을 보고, 같이 왔던 어떤 뱃사람은 작은 배를 타고 도망쳐 버렸어.

김대건 신부는 1846년 6월 5일 밤에 체포되어 오랏줄로 온몸이 꽁꽁 묶인 채로 옹진군 옥으로 끌려갔어. 잡아 온 자는 첨사 정기호였지만, 심문은 옹진 군수가 직접 했어. 옹진 군수가 청나라 사람이냐고 물었어.

"아니오, 나는 조선 사람이오."

"거짓말 마라. 청나라로 가는 물건들을 압수했다."

"그렇소. 청나라 사람이오. 광둥성 마카오에서 자란 천주교인이오. 조선에 대해 호기심이 많고 종교를 알리고자 왔소."

"이놈을 당장 옥에 가두어라. 위험 인물이다!"

옹진 군수는 속으로 공을 세울 만한 큰 죄인을 잡았다고 생각했어.

6월 9일 해주 감영으로 압송되기 전에 김대건 신부와 같이 잡혀 온 사람들은 끔찍한 고문을 당했어. 천주교 교인이라고 단정하고 가혹하게 고문하니 울부짖는 비명이 관가 마당을 넘어 마을까지 들렸어.

김대건 신부는 교우들에게 피해가 가지 않도록 입을 다물고 모진 고문을 견뎠어.

옥 앞에 사람들이 몰려들었어. 김대건 신부는 사람들에게 천주교 교리를 알려주었어. 흥미진진하게 듣던 사람들은 나라에서 금지하지 않으면 신자가 되겠다고 말하기도 했지.

심문을 하던 황해도 해주 감사 김정집은 대역죄인을 잡아 공을 세울 기회라고 생각하고 있었어.

"너는 청나라 사람이냐?"

"청나라 사람 우대건이오. 마카오에서 성장했소."

"조선말을 왜 이리 잘하느냐? 청나라에서나 포교할 일이지 왜 조선까지 와서 민심을 혼란케 하느냐?"

"천주님 말씀을 전하는 일은 나라가 따로 없소. 이 세상 모든 이가 다 평등하오. 믿음만 있으면 천주님의 자식이오."

"네 이놈! 당장 천주교를 버린다고 맹세하지 않으면 온갖 형벌을 내릴 것이니, 그리 알아라."

화가 잔뜩 난 해주 감사 김정집이 겁을 주자, 김대건 신부는 벌떡 일어나 고문 도구가 있는 곳으로 가서 도구들을 감사의 발 앞으로 던졌어.

"나는 모든 준비를 했으니 속히 치소서. 어떤 형벌도 두렵지 않소."

"무엄하다! 감사 영감 앞에서는 모두 다 소인이라고 해야 하는 법이다."

포졸과 관헌들이 혀를 끌끌 차며 말했어.

"당치도 않은 소리 마시오. 나는 대인이오. 한 번도 소인이라 말한 적이 없소."

해주 감사 김정집은 조정에 보고서를 올렸어. 조정에서는 난리가 났지.

등산진 첨사 정기호에게 이런 공문을 받았습니다.

"6월 5일 포구 둘레를 순찰하며, 마침 필요한 배를 발견하였을 때 문득 한 명이 배 위로 뛰어올랐습니다. 본인은 김해 김씨 한성 양반이라며 공갈하고 심한 말을 하더랍니다. 그런데 억양이나 얼굴 생김새가 우리 조선 사람 같지 않아 잡아 왔습니다. 이름은 김대건이오, 나이는 만 25세로 원래 중국 광동 사람입니다.

오래전에 천주교를 믿었으며, 갑진년(1844년) 11월에 의주에서 강을 건너 한성으로 왔답니다. 금년 4월 18일에 한강 마포에서 임성룡의 배를 타고 이곳에 도착하였다고 하였습니다.

그의 가방을 조사하니 도저히 뜻을 알 수 없는, 언문(한글)으로 쓴 작은 책 한 권과 몸에 차는 붉은 비단 주머니 한 개가 있었습니다.

사람이 하나 그려진 것과, 다른 하나에는 풀 모양이 그려져 있었습니다. 남색 명주 한 조각과 반쯤 삭은 머리카락도 있었습니다. 단연코 외국의 천주교 무리라 여겨져 배 주인 임성룡, 사공 엄수와 함께 우선 칼을 씌워 본 감옥에 가두어 지난 행적을 캐묻고 있습니다. 언문책과 붉은 비단 주머니와 그가 말한 글을 굳게 봉해 함께 보냅니다." 하는 내용이었습니다. 그가 어찌하여 국경을 넘어 몰래 돌아다녔고, 뱃놈이 함께 배를 탄 일이 들을수록 이상하여 놀랐습니다.

외국 선박 따위에 대해 하는 말이 서로 다르므로, 김대건, 임성룡, 엄수 세 놈을 제가 붙잡아다가 엄중히 조사했습니다. 언문 책자, 주머니, 그가 쓴 글들은 이곳에 보관해 두었습니다.

1846년 6월 13일(헌종 12년) 임금의 국정을 기록한 《일성록》이라는 일기에 기록된 내용이야.

1846년 6월 14일 조정에서는 세 정승이 모여 대책 회의를 했어. 프랑스인 신부처럼 청나라 신부도 참형으로 다스려야 한다는 결론을 내놓았어. 김대건 신부를 1801년에 일어난 신유박해 때 순교한 주문모 신부처럼 청나라에서 온 신부로 생각했거든. 세 정승의 보고를 받은 헌종은 어전 회의를 열어 김대건 신부를 한성으로 압송하라고 명했어.

김대건 신부는 1846년 6월 21일 한성 포도청으로 이송되었어. 포도청 군관 여섯 명과 군사 네 명의 호송을 받으며, 6월

18일에 출발해서 사흘 만에 의금부 포도청 옥에 갇혔어.

　해주 감사 김정집은 김대건 신부가 청나라 배의 선장에게 부탁한 편지를 찾아내 조정에 보냈어. 편지 속에는 조선 지도가 여러 장이 있었지. 육로와 해로가 그려진 지도는 중요한 자료라서 조정은 또 한 번 뒤집어졌지. 육로와 해로는 군사 기밀이었거든.

　김대건 신부는 6월 21일부터 7월 19일까지 포도청에서 여섯 차례 문초를 받고, 40차례 진술을 했어. 심문 첫날 여섯 번째 진술에서 청나라 사람 우대건이 아니라 조선 사람 김대건이라고 밝혔어.

　"나는 김대건 안드레아요. 조선에는 외국인 신부가 사형당해 천주교를 믿는 사람에게 세례를 주고 미사를 집전할 사제가 없소. 나라에 해를 끼칠 생각은 털끝만큼도 없소. 그저 천주의 기쁜 소식을 전하고 세례를 줄 뿐이오."

　그제야 조정은 김대건 신부가 마카오로 떠난 신학생 가운데 한 사람인 걸 알았어. 같이 잡힌 뱃사람도 말했기 때문에 변명할 수도 없었지.

포도대장이 말했어.

"참으로 가여운 젊은이네. 온갖 고생을 다 했네. 주로 어디를 다녔느냐? 네가 믿는 천주교를 설명해 보아라."

"천주교가 진리이므로 믿습니다. 내게 천주 공경을 가르치고 나를 영원한 천국으로 인도합니다. 원수를 사랑하라고 했고 누가 왼뺨을 때리면 오른뺨을 내밀라고 했습니다."

포도대장은 화를 내며 주리를 틀라고 했어. 주리는 두 다리를 한 데 묶고 다리 사이에 장대 두 개를 끼워 비트는 고문으로, 뼈가 으스러지기도 했어.

"네가 배교하지 않으면 맞아 죽을 줄 알거라."

"마음대로 하시오. 그러나 나는 우리 천주를 배반할 수 없습니다. 제발 내 말을 귀담아들으소서. 천주는 천지와 사람과 만물을 창조하신 분이오. 착한 이에게는 상을 주시고 악한 이를 벌하시는 분입니다. 누구나 다 공경해야 합니다. 내가 천주를 사랑함으로 이런 형벌을 당하게 하시니 진심으로 감사드립니다. 그리고 우리 천주께서 이런 은혜를 갚으사 당신을 더 높은 관직에 올리시기를 바랍니다."

포도대장과 옆에 있던 사람들이 배를 잡고 깔깔 웃었어.

"안 되겠다. 여덟 자짜리 칼(죄인의 목에 씌우던 형틀)을 가져와라."

김대건 신부는 스스로 목에 칼을 쓰려고 했어. 포도청은 웃음바다가 되었지.

심문하던 포도대장은 김대건 신부가 안타까웠어.

"중죄인은 아닌 것 같은데. 천주교를 배교하면 선처해서 목숨은 살려 준다니, 잘 생각해 봐라."

"임금 위에 천주님이 계시니 당신을 공경하라고 명하십니다. 그분을 배반하는 것은 큰 죄악이라 임금의 명령이라도 정당하지 않습니다."

포도대장은 천주교 교우들의 이름을 대라고 고문했지만, 김대건 신부는 절대 말하지 않았어.

좌포도청 대장 이응식이 문초할 때는 서양 글씨로 써 있는 편지를 보고 물었어.

"누가 이런 글씨를 썼느냐?"

"제가 쓴 것입니다."

김대건 신부는 편지에 페레올 주교에게 전하는 글도 있었지만, 말하지 않았어.

"그래? 내 앞에서 이대로 써 보아라."

"철필을 가져다주면 똑같이 쓸 수 있습니다."

철필을 구하지 못한 포졸들이 새의 깃을 가져다주었어.

"이것으로는 쓸 수 없지만, 서양 글자를 어찌 쓰는지는 보여 드리겠습니다."

새의 깃을 가늘게 깎아서 작은 글씨를 쓰고 굵은 깃으로는 굵은 글씨를 썼어.

곁에 있던 사람들은 김대건 신부의 손끝을 따라 보면서 놀라서 서로 바라보았어. 꼬불거리다 글씨가 되는 것이 마치 마술을 부리는 것 같았거든.

좌포도청 대장 이응식은 김대건 신부를 문초할수록 김대건 신부에게 빠져들었어.

'학식도 높고 마음씨도 착한 데다 겸손하고 지혜로워. 죽기에는 아까운 청년이야.'

"지금 조선 팔도의 지도를 그릴 수 있겠나?"

"세계 지도까지 그릴 수 있소. 조선 팔도는 물론이고요."

좌포도대장 이응식은 잠시 목에 씌운 여덟 자 긴 칼과 손발을 결박한 쇠사슬을 풀어주었어.

김대건 신부는 영국에서 만든 세계 지도를 번역해서 지도를 두 벌 만들고 색칠까지 마쳤어. 조선전도도 세밀하게 그렸어. 멀리 떨어진 섬들까지 일일이 그리고 글씨를 써 넣었지.

"당신은 혹시 지리학자요?"

입을 다물지 못한 채 좌포도대장 이응식이 물었어.

김대건 신부는 빙그레 웃기만 했어.

"내가 당신을 풀어 줄 권한이 있다면 진작 풀어 주었을 것이오. 당신 재능이 너무 아깝소. 천주학을 버리고 나라를 위해 일하면 어떻겠소? 벼슬자리를 주겠소. 어차피 백성들을 위하는 일이잖소."

김대건 신부도 나라를 걱정하는 마음은 같았어.

"조정은 문을 걸어 잠그기만 하고 외국인을 얼씬도 못 하게 하니, 무슨 발전이 있겠소. 다른 나라 문물도 받아들이고 함께 어울려 살아가면 나라도 발전할 것인데."

좌포도대장 이응식은 김대건 신부의 백과사전 같은 지식에 감명을 받아 김대건 신부가 그린 지도를 편지와 함께 임금께 올렸어.

김대건은 우리 조선 밖으로 몰래 나감으로써 죽어 마땅한 죄를 지었습니다. 그러나 다시 조선에 들어옴으로써 죄를 갚았다고 할 수 있습니다. 이에 김대건이 그린 세계 지도와 지리 해설서를 한 벌 보냅니다. 말로 표현할 수 없을 정도로 학식과 재능이 뛰어난 청년입니다. 은혜를 베풀어 목숨을 살려주면 우리 조선에 중요하게 쓰이고 남을 대단한 인물입니다.

헌종은 지도를 보고 무릎을 '탁' 내리쳤어. 그리고 김대건 신부를 살리고 싶었지.

"지도 가운데 산 이름을 언문으로 쓴 걸 보면 서양인들도 우리 언문을 이해하고 있는 것이다."

영의정 권돈인이 답했어.

"곁에는 한문이 달렸습니다."

"과연 그렇구나. 이자가 조선인과 비슷한데, 어찌 청나라 배와 통하였는고?"

"전에 서양인이 죽을 때 유진길, 정하상 무리가 서로 통해 있었는데, 한통속일 거라 추측되옵니다."

"청나라 배에 편지와 지도를 전한 것을 알아내라, 포도청에 명하여 근본 소굴을 찾아 밝히도록 하라."

헌종은 김대건 신부를 참수하라는 명은 내리지 않았어.

그 무렵 프랑스 함대 사령관 세실 제독이 남기고 간 문책서가 조정에 왔어. 세실 제독은 프랑스 신부를 처형한 것에 대한 해명을 받으려고 왔다가 섬이 많은 서해안에서 항해가 어려워지고, 한성을 찾지 못하자 충청도 홍주 외연도에서 작은 상자에 편지를 넣어 두고 가버렸어. 마을 사람들이 편지를 발견하고, 홍주 목사에게 전했지. 홍주 목사는 충청 감사에게 보내 조정에 도착한 거야.

헌종은 문책서를 보고 걱정이 되었어. 조정에서는 문책서에 답하는 편지를 썼어.

어느 해에 조선에 나온지는 몰라도 기해년에 외국인 몇 명을 잡았소. 그들은 조선 옷을 입고 우리말을 하고 밤에만 다니며 낮에는 얼굴을 가리고 숨어 다녔소. 역적과 악당 모리배와 같은 행동을 한 자로, 이름은 모방이고, 하나는 샤스탕이라 했소. 프랑스 함장이 그들을 염두에 두고 하는 말인지는 모르지만, 문초할 때 프랑스 사람이라고 말한 바 없소. 비록 프랑스 사람이라 해도 조선에 몰래 입국하는 것은 법으로 금하고 있소. 법을 어겼으니 당연히 죽임을 당했소. 청국인과 일본인도 같은 법으로 다스릴 것이오. 프랑스 사람이라도 살인과 도둑보다 더한 행동을 했으므로 죽일 수밖에 없었소. 또한, 프랑스 사람인 줄 몰랐으니, 프랑스에 욕을 보였다는 말은 다르오. 우리 임금께 예법대로 편지를 올리지 않았으니, 우리도 마땅히 답장할 것이 못 돼오.

조정은 이 편지를 문책서의 답장을 받으러 온 프랑스 함선을 이끌고 온 라피에르 함장에게 보내려 했지만, 프랑스 함선은 그만 바다에서 좌초하고 전라도 고군산도로 대피했어. 7월 25일 영국 구조선 세 척이 프랑스 함선을 데려갔지. 이때 청나라에 있던 최양업 토마스 부제와 메르스트 신부는 프랑스 함선에 타고 조선에 들어오려 했지만, 함선이 좌초하면서 들어오지 못했어.

조정의 답변 편지는 청나라를 거쳐 마카오로 돌아간 라피에르 함장에게 보내게 되었어. 1846년 8월 11일쯤이었어. 그런데 프랑스 세실 제독은 다시 오지 않았어. 프랑스에서 2월 혁명이 일어났거든.

그러자 조정 대신들은 프랑스를 두려워하지 않게 되었고, 김대건 신부에 대한 처분을 임금께 재촉했어. 외국과 왕래했으니 죽어야 마땅하고, 만약 살려둔다면 따라 하는 자가 생길 거라고 우겼지.

영의정 권돈인이 말했어.

"대왕마마의 은혜를 저버리고 서양 오랑캐에 빌붙은 반역자입니다. 사악한 가르침과 행동의 두목이나 마찬가지인데 그에게 온정을 베풀 수 있겠습니까?"

우의정 박회수도 동조했지.

"사악한 것을 가르치는 그를 우리 백성으로 여길 수는 없습니다. 외국인들을 따르기 위해 나라를 배반했다가 십 년 후에 돌아왔습니다. 조선의 반역자요, 나쁜 종교의 우두머리입니다. 그를 내버려 두면 어찌 이 나라에 법이 존재한다고 할 수 있겠나이까? 프랑스 편지를 보더라도 그는 공범자입니다."

예조 판서 조병현, 병조 판서 김좌근, 좌참찬 김홍근, 수원 유수 이약우와 여러 신하들도 김대건 신부를 사형해야 한다고 입을 모았어.

영의정 권돈인이 의견을 정리하여 헌종에게 아뢰었어.

"김대건은 대역죄에 해당하므로, 국왕이 친히 심판하는 재판이 필요하나, 이와 같은 죄인은 군사 기관으로 보내 처형해 왔으니 이번에도 군문효수로 다스려야 할 것입니다."

"알겠소. 그대들의 뜻에 따르겠소."

헌종은 영의정 권돈인의 말에 따랐어.

새남터에 뿌려진 피

김대건 신부는 옥에서 세실 제독이 탄 프랑스 함선 소식을 듣고는 풀려날 것이라는 희망을 품었어.

"페레올 주교와 다블뤼 신부께서 프랑스 해군들에게 우리 일을 말씀하셨을 거예요. 나는 세실 제독을 잘 아니, 틀림없이 우리를 구해 줄 것이오."

그런데 조선의 사정을 전혀 모르는 세실 제독은 조선 정부에 문책서만 남기고 떠나 버렸지. 이 사건은 오히려 김대건 신부의 죽음을 앞당기는 결과를 가져왔어.

김대건 신부는 죽음이 다가왔음을 알았어. 페레올 주교와 천주교 교우들에게 마지막 당부를 편지로 남겼어. 담담하게 죽음을 받아들이면서 어머니를 부탁하는 글이야.

저는 마치 서양 오랑캐처럼 체포되었습니다. 저의 집에 있던 물건들도 압수되었는데, 돈과 가구 등등입니다. 지금은 포졸들이 교우들을 체포하기 위해 사방에 파견되었습니다. 주교님과 신부님이 잡힐까 두렵습니다. 그렇게 되면 큰 박해가 될 것입니다. 저는 편지들 때문에 많은 문초를 받았습니다. 함께 갇힌 교우들에게 저는 고해 성사로 힘을 북돋우고 있고, 또 두 예비 교우에게 세례를 주었습니다. (중략) 저도 오늘 프랑스 배가 조선에 온 것을 알았습니다. 잘되면 저희를 쉽게 구해 낼 수 있을 것 같습니다. 그러나 위협으로만 그치고 그대로 떠나게 되면 교회에 더 큰 박해가 있을 겁니다. 저도 죽기 전에 지금보다 더 심한 고문을 받게 될 것입니다. 저의 어머니를 주교님께서 보살펴 주시기 바랍니다. 10년 동안이나 같이 있지 못하다가 겨우 며칠 동안만 자식과 만나는 일이 허락되었습니다. 그리고 얼마 못 가서 그 자식은 다시 떠나갑니다. 주교님께서 제 어머니 고 우르술라의 지극한 슬픔을 위로하여 주

> 십시오. 저는 하느님께서 끝까지 형벌을 이겨낼 힘을 주실 것을 믿습니다. 지극히 공경하올 신부님들 안녕히 계십시오.
>
> – 그리스도를 위하여 묶인 조선의 교황 파견 선교사
>
> 김 안드레아 올림

1846년 8월 29일에는 천주교 교우들에게 남기는 고별사를 썼어.

김대건 신부는 교우들에게 전하는 고별사를 쓰면서 순교한 작은할아버지와 아버지를 떠올리고, 힘겹게 살아가는 어머니와 동생이 생각나 눈물을 주르르 흘렸어.

목에 여덟 자 긴 칼을 쓰고 모진 고문으로 머리카락은 피와 땀범벅으로 뭉쳐 있고, 뼈는 울퉁불퉁 뒤틀어지고 살점이 뜯긴 상태였으니 글자 한 자 한 자 쓸 때마다 무척 고통스러웠어. 무릎을 꿇고 온 힘을 다해 한 자 한 자 써 내려갔어.

> 나의 죽음은 당신들에게 확실히 뼈 아픈 일일 것이오. 당신들의 영혼은 슬픔에 잠기겠지요. 그러나 얼마 안 가서 주께서는 나보다

도 훨씬 훌륭한 목자를 주실 것이 틀림없으니, 그리 슬퍼하지 마시고 큰 사랑으로 천주 섬기기에 힘쓰십시오. 사랑으로써 한 몸, 한 마음이 됩시다. 그렇게 하면 죽은 후 주 앞에서 서로 만나 영원히 끝없는 복락을 누릴 것이오. 나는 천 번이고 만 번이고 이를 바랍니다.

신부님은 곧 슬픔에 빠질 신자들에게 위로의 말을 남기고 희망을 주고 싶었어.

교우들이여, 수가 많건 적건 마음은 하나로 모아 주십시오. 사랑을 잊지 마십시오. 서로 참고 도와서 천주가 당신들을 불쌍히 여기실 때를 기다리십시오. 쓰고 싶은 것은 많지만, 장소가 장소이니만큼 생각대로 되지 않는구려. 사랑하는 교우들이여, 나도 천국에서 그대들을 만나 영원한 복을 즐길 것을 바라오. 그럼 그대들을 정답게 껴안아 주겠소.

그리고 아직 조선에 들어오지 못한 최양업 토마스 부제에게

도 편지를 남겼어.

> 사랑하는 나의 형제 최 토마스.
> 천당에서 다시 만나세.
> 우리 어머니를 특별히 돌보아 주도록 부탁하네.

1846년 9월 15일 김대건 신부가 국사범으로 군문효수의 사형 선고를 받은 다음 날인 9월 16일, 포졸들이 김대건 신부를 한강 새남터로 끌고 갈 준비를 했어. 두 손은 뒤로 돌려 묶었고 새끼로 만든 가마 위에 올려놓았어. 포졸들이 그 가마를 둘러메고 길을 걸었어. 수많은 사람이 포졸들을 따라왔어.

한강 새남터 백사장에서 좌우로 군졸들이 열을 지어 서고 북소리를 둥둥 울리며 목을 벨 준비를 하고 있었어. 새끼로 만든 가마 들것에 실려 김대건 신부가 도착하자 사방이 순식간에 고요해졌어. 모래 위에 꽂힌 깃대 깃발만이 불어오는 바람에 펄럭였어.

포도대장이 김대건 신부를 깃대 아래에 앉히고 선고문을 읽었어.

"죄인 김대건은 국경을 몰래 넘어 마카오에 가서 외국인과 상통한 지 10년 만에 귀국하여 사학의 괴수로서 우매한 백성을 현혹하고, 서양인과 상통하는 편지를 청나라 어선의 선장에게 전한 것 등의 혐의로 판결을 받아 목을 베어 달아 모든 이를 경계할 것을 명하노라."

선고문 낭독이 끝나자 김대건 신부는 교우들에게 바치는 글을 읽기 시작했어.

"나의 마지막 시간에 다다랐으니 여러분은 나의 말을 잘 들으시오. 내가 외국인과 연락한 것은 나의 종교를 위해서이고 나의 천주를

위해서입니다. 이제 내가 죽는 것은 그분을 위해서입니다. 나를 위해 영원한 생명이 지금 바로 시작되려 합니다. 여러분도 죽은 후에 영원한 생명을 얻으려거든 천주를 믿으시오."

사람들은 숨죽인 채 김대건 신부를 바라보았어. 교우들도 몰래 기도하며 지켜보았지.

형벌마저도 하느님의 활동 영역이라 생각한 김대건 신부는 걸을 수도 앉아 있을 수도 누울 수도 없는 지독한 형벌을 받았어. 손발에 쇠사슬이 묶였지만, 나라에서 원하는 지리서와 세계 지도를 아는 대로 상세하게 그려내고 해석했어. 포졸들이 그칠 새 없이 머리털을 뽑고 주리를 틀며 무수한 매질을 했지만, 더 때리라며 견뎠어.

교우들끼리 남녀 구별하지 않고 기다란 나무판에 줄줄이 엮어 놓아서 생리 현상을 해결하는 것이 너무나 힘들었어. 화장실 가고 싶은 교우가 있으면 함께 묶인 모두가 동시에 화장실에 가야 했으니까 말이지. 모욕적이고 처참한 기분을 느끼게 괴롭힌 거지.

그런데도 김대건 신부와 천주교 교우들은 굴욕감을 꿋꿋이 이겨내고 순교를 택했어. 잔인한 방법으로 고문하고 온갖 욕설을 퍼부어도 철저한 신앙과 목숨을 바치려고 마음먹은 결의를 막을 수는 없었어. 김대건 신부는 옥중에서도 세례를 주기도 했어.

김대건 신부와 교인들에게 배후를 고백하고 배교하면 혹독한 고문 대신 호화롭게 살게 해 주겠다고 했지만, 끝내 죽음을 택한 거야.

"천주의 믿음은 바른길이요 땅 위의 목숨이 지더라도 곧이어 영원한 생명이 시작될 것이니, 여러분도 천주를 믿어 기필코 구원과 영생을 누리십시오."

김대건 신부가 말을 마치자 군졸들이 달려들어 들것에서 내렸어. 관례에 따라 윗옷을 반쯤 벗기고, 양쪽 귀에 화살을 꽂고 얼굴에 물을 뿌린 뒤 허연 횟가루를 한 줌 뿌렸어. 그리고 작대기를 겨드랑이에 끼워 모여든 사람들 앞을 세 바퀴 돌며

다녔어.

　무릎을 꿇리고 머리채를 잡아 묶어 꽂아 놓은 창 자루에 매달아 머리를 쳐들게 했어. 망나니 열두 명이 김대건 신부 주위를 뱅글뱅글 돌며 시퍼런 칼날을 휘두를 때 김대건 신부는 칼질하기 편하게 자세를 취했어. 작은 신음마저 내지 않았고 표정도 평화로웠어. 사람들 속에 숨어 있던 신자들은 가슴을 치며 눈물을 줄줄 흘렸지.

　"자, 이렇게 하면 칼로 치기가 좋으냐?"

　"아니, 좀 더 고개를 똑바로 하여라."

　"이렇게 말이냐? 준비되었으니 어서 쳐라!"

　망나니들이 살짝 목을 내리칠 때마다 선명한 진홍색 피가 하얀 한강 백사장을 물들였어. 망나니들은 목을 살짝 베면서 에워싸고 돌았어. 여덟 번째 칼에서야 머리가 떨어졌어. 하늘로 선혈이 솟구치면서 백사장을 물들였던 피는 머리가 완전히 떨어지고 나니 더 이상 흘릴 피가 남지 않았지.

　1846년 9월 16일 26살 나이로 짧은 생애를 마친 김대건 신부는 평등사상과 박애주의를 실천하는 데 앞장섰어. 헌종은 그런 김대건 신부를 장대에 목을 매달아 구경시키는 것만은 그만두라고 했어. 인재라 생각한 헌종의 마지막 배려였는지도 몰라.

김대건 신부의 시신은 사형당한 바로 그 자리에 묻혔어. 떨어진 목을 다시 붙여 매고 자줏빛 조끼와 무명 바지를 입혀서 말이지. 그러고는 교우들이 시신을 가져 가지 못하게 포졸들이 지켰어.

이때 새남터를 지켜보는 소년이 있었어. 사제를 꿈꾸던 17살 경기도 안성 미리내에 사는 이민식 빈첸시오가 틈나는 대로 엿보고 있었어. 이민식 빈첸시오는 은이공소에서 김대건 신부를 돕던 복사였어. 한시라도 빨리 김대건 신부를 모셔 편안하게 해 드리고 싶었거든.

김대건 신부가 순교한 지 40일이 지난 1846년 10월 26일 이민식 빈첸시오는 경비가 허술한 틈을 타 김대건 신부의 시신을 파냈어. 김대건 신부의 시신을 지게에 지고 험한 산길을 틈타 미리내 쪽으로 낮에는 숨고 밤에만 달렸어. 한강 새남터에서 관악산을 지나 과천을 지나고 분당, 광주(오포)를 지나고, 골배마실을 거쳐 안성 미리내까지 달리고 또 달렸지. 60킬로미터가 넘는 길을 달렸어.

이민식 빈첸시오는 어두운 밤길을 달려가며 간절히 기도했어.

'주님, 신부님을 편안한 안식으로 이끌어주소서. 저같이 하찮고 연약한 죄인이 신부님을 모시고 갑니다. 부디 안전하게 지켜주시고 보호하소서.'

은이마을에서 미리내 사이에 있는 신덕고개, 망덕고개를 겨우 넘었어. 마지막 애덕고개만 남았어. 초가을 선선한 기온에도 땀을 빗방울처럼 흘리며 마지막 애덕고개를 넘을 때였어. 희뿌옇게 날이 밝아 왔고, 농부들이 가을걷이하느라 콩밭으로 오기 시작했어.

"콩이 터져서 바닥에 다 쏟아지네. 어서 콩을 땁시다."

"깨도 얼른 털어야지, 아까운 깨알 좀 보소."

이민식 빈첸시오는 김대건 신부의 시신을 콩밭에 숨겨 놓고 밤이 되기를 기다려야 했어. 농부들에게 들키는 건 한순간이라는 두려움에 온몸이 덜덜 떨렸지. 하느님과 성모님께 간절히 빌었어.

'천주님, 성모님, 무사히 이 일을 완수할 수 있게 도와주세요.'
기도가 끝나자마자 맑았던 하늘에서 갑자기 장대비가 쏟아지기 시작했어. 하는 수 없이 농부들이 돌아갔지. 험한 산길을 달려 일주일째 되는 날, 한강 새남터에서 60킬로미터 떨어진 경기도 안성 미리내에 김대건 신부의 시신을 안장했어.

이민식 빈첸시오는 1901년 시복 수속 관계로 김대건 신부의 유해를 발굴할 때 유일한 증인으로 참여했어. 그리고 평생을 김대건 신부의 묘소를 돌보다가, 1921년 12월 9일 세상을 떠났어. 이민식 빈첸시오는 김대건 신부의 경당 앞 공동묘지에 묻혔지.

1853년 2월 3일 과로로 사망한 페레올 주교도 '거룩한 순교자의 곁에 있고 싶다'는 유언에 따라 김대건 신부 옆에 묻혔어. 어머니 고 우르술라도 1864년 아들의 묘 옆에 묻혔어.

김대건 신부의 유해는 서울시 종로구 혜화동 가톨릭대학교 성당에 모셔져 있어. 그리고 우리나라와 세계 여러 성당과 성지에도 유해 일부가 나뉘어 모셔져 있어.

김대건 신부는 순교한 지 11년이 지난 1857년 9월 23일에 교황 비오 9세 때 가경자(복자가 되기 전에 주어지는 존칭)의 칭호를 받았어. 1925년 7월 5일에는 비오 11세 교황이 복자(성인으로 인정되기 전에 공식으로 공경할 수 있다고 교회가 인정하는 지위)로 시복하였어.

한국 천주교회는 복자품을 받은 7월 5일을 기념하여 성 김대건 안드레아 축일로 지내고 있어. 한국 천주교 200주년이 되는 1984년 5월 6일 김대건 안드레아 신부는 그리스도인으로는 최고 영예인 성인품에 올랐어. 이날 교황 요한 바오로 2세가 우리나라를 방문하여 103위 성인식을 장엄히 거행하였지. 김대건 안드레아 신부는 우리나라 모든 성직자의 주보성인(수호성인)으로 추앙된 거야.

한국인 최초의 천주교 사제로 열성 가득한 전교 활동과 경건하고 당당한 신앙 자세로 모든 이의 귀감이 되어 천주교회와 수도회의 주보성인이 되었어.

이야기를 마치며

평등사상과 박애주의를 실천한
성 김대건 안드레아 신부

  1984년은 우리나라에 천주교가 들어온 지 200년 된 해였어. 그해 5월 로마 교황청의 교황 요한 바오로 2세가 우리나라를 방문하셨지. 엄청난 사람들이 모인 여의도 광장에서 '김대건 안드레아, 정하상 바오로와 101위 동료 순교자'를 우리말로 크게 외쳤단다. 성인을 공식화하는 시성식이라는 중요한 자리였지. 그 뒤로 이름 앞에 성스러울 '성'자를 붙여 쓴단다. 성 김대건 안드레아, 성 정하상 바오로……

  김대건 신부는 1821년 8월 21일 충청남도 당진 솔뫼에서 태어났어. 부모님 아래서 15년, 1836년부터 해외 생활 10년, 1845년부터 사제 생활 1년 1개월(옥중 생활 4개월 포함) 만에 영원한 진리를 위해 순교하였어.

  김대건 신부는 1859년 9월 24일 비오 9세 교황 때에 기해박해, 병오박해 순교자 81위와 함께 가경자로 선포되었어.

  유교가 나라의 근본이념이었던 조선 시대에 '서학'이라고 나라에서 금했던 천주교의 집안에서 태어났어. 하느님을 믿는다는 종교적인 이유로 집안이 망하고 목숨을 내놓아야 했던 때야.

  1791년 진산 사건으로 증조부(김진후)가 옥에 갇히고, 1801년 신유박해 때는 유배되었어. 1805년 다시 붙잡혀서 결국 10년의 옥고 끝에 순교하는데, 가장 오랜 기간 감옥 생활로 기록된 분이야. 작은할아버지(김종한)도 1816년 대구 감영에서 참수형으로 순교하셔.

  김대건 아버지는 한성까지 몰래 오가면서 모방 신부에게 세례와 견진 성사를 받고 공소 회장으로 천주교회와 관련된 일을 하면서 아들을 사제의 길로 인도했어. 어머니도 배교하지 않고 한평생을 고통 속에 사신 분이야.

  한국 천주교회의 시작은 학문적 호기심으로 접했던 학문이었지만, 그 결과는 무척이나 혹독했어. 외세에 적대적이었던 조선의 권력자들은 교인들을 당쟁으로 이용하고 탄압하고 박해했어. 차마 인간으로서 행할 수 없는 끔찍한 방법으로 수많은 사람을 고문하고 처형했단다.

  일부 양반들도 천주교를 깊이 신봉했지만, 중인이 앞장서서 천주교를 널리 퍼뜨린 것은 신지식인으로, 서양 문물을 먼저 받아들일 수 있는 충분한 혜택을 누려서야. 동지사 사절단으로 청나라에 오가는 역관과 상인들이 주로 중인이었지.

  서양 문물을 접하면서 학문으로 천주교 서적을 읽던 최전방의 포교 계층이라고 볼 수 있단다. 나라에서 금한 천주교를 왜 그토록 많은 사람이 관심을 두고 죽음을 택했을까?

 상민이었던 농부들은 양반들을 위한 세상인 조선왕조 정책의 희생양이었으니, 천주교의 평등사상과 박애 정신이 영혼을 일깨웠다고도 볼 수 있어.

 세계사에서 1821년 5월은 프랑스 나폴레옹이 사망한 해야. "내 사전에는 불가능이란 없다."라는 유명한 말을 남겼지. 프랑스혁명 정신을 이어받은 초심을 잃고 나중에는 정복왕이 되어버렸지. 러시아 원정 전쟁을 일으켜 실패하고, 결국 남대서양 세인트헬레나섬 유배지에서 죽게 되지.

 그해 8월 21일에 김대건이 태어나. 세계적으로 혁명의 바람이 불고 세상이 변화하는 때에 조선은 우물 안 개구리처럼 오로지 자기들 권력과 이익을 위해서 죽고 죽이는 때야. 혁명의 나라 프랑스에서 온 선교사 신부들과 공부했으니, 세상을 보는 관점에 영향을 주었겠지.

 김대건 신부는 신앙 안에서 세상을 내다보는 안목을 키웠다고 해. 조선을 중심에 두고 열린 눈으로 평등사상이나 세계의 변화에 관해 관심을 가졌다고 해.

 면천 군수까지 지낸 유복한 양반가였던 집안이 천주교를 믿는다는 이유로 패가하게 되고, 김대건 신부까지 4대에 걸친 순교자가 나오게 돼. 지금은 사실상 집안 대가 끊어졌다고 볼 수 있지만, 세계적인 성인이 되셨으니 존경하고 따르는 이들은 엄청나지.

조선 최초의 사제라는 호칭 외에 뛰어난 지식인에다 유능한 지리학자, 유럽 대학 첫 유학생, 5개 국어 능통자, 최장 거리 도보 여행자 등 김대건 신부를 지칭하는 말은 여러 가지야.

거기다 상대방을 감동하게 하는 말솜씨가 어릴 때부터 뛰어나서 어른들과 대화도 곧잘 통했다고 해. 책을 좋아한 독서광이었고. 키도 훤칠하고 잘생긴 외모로 멋진 조선인을 대표했지.

일본과 영유권 다툼이 끊이지 않는 독도에 대한 명확한 증거를 던져준 '조선전도' 제작자도 김대건 신부야. 산과 강을 기록하지 않았는데, 울릉도 동쪽에 독도를 그려놓고 로마자로 'Ousan'(우산도)이라고 뚜렷하게 표기해 독도가 조선의 영토임을 분명히 했어. 지금은 프랑스국립도서관에 소장되어 있지.

프랑스 파리외방전교회 소속으로 조선 교구 제6대 교구장을 지낸 리델 주교는 1869년 '한·중·일 지도'를 제작하면서 김대건 신부의 조선전도를 참고하여 독도를 명기했고, 달레 신부 역시 1874년 김대건 신부의 조선전도를 보완해 제작한 '조선지도'에 독도를 조선 땅으로 표기했어.

유럽의 신학문을 처음으로 접했던 김대건 신부가 로마자로 지명을 표기해 조선을 해외에 알리게 된 첫 번째 지도라는 점에서 의미가 커.

프랑스국립도서관에 소장된 조선전도를 곧 만날 수 있기를 기대하며.

작가의 말

김대건 신부님 원고를 쓰면서
고마움을 가득 느꼈던 시간들

　지난해 대림절이 시작될 때 출판사에서 걸려온 집필 청탁 전화로 김대건 신부님의 인물 이야기는 시작되었다. 벅찬 감격으로 몇 날을 지새우고 부담감으로 부지런히 자료만 찾아 읽었다.
　이사를 앞둔 집 안 곳곳에 김대건 신부님의 환한 초상이 걸렸다. 신부님이 태어난 솔뫼성지의 소나무와 생가, 골배마실의 풍경들과 은이공소의 아담한 성당이 컴퓨터 바탕화면을 차지했다. 마카오의 신학교와 라파엘호가 출렁이는 검푸른 바다 위의 신부님 상본이 책상 위 벽지에 도배되었다.
　피범벅이 된 몸으로 옥에 갇힌 신부님을 대하는 시간이 길어졌다. 고문에 피 흘리는 신부님 얼굴은 자꾸만 외면했다.
　고통 속에 담긴 큰 뜻을 가슴으로 받아들이지 못하고 인간적인 아픔에 힘들어했다.
　외국어에 능통하고 '조선전도'를 그리던 섬세하고 영민한 분을 당쟁에 눈먼 나쁜 관리들에게 넘겨줄 수 없었다. 천주를 믿고 외국인과 교류했다는 죄목으로 중죄인이 된 청년 신부님을 보내 드리기 어려웠다. 차마 새남터 처형장으로 가는 길을 낼 수 없었다.

무릎으로 걸어 신학교 계단을 오르며 기도하셨다는 일화는 새길수록 마음이 아팠다. 깊은 밤 기도 초를 밝히고 컴퓨터 앞에 앉으면 문장 대신 눈물이 나왔다. 그러다 평행이론을 떠올렸다.

김해 김씨, 장흥 고씨 고 우르술라, 첫 영성체를 앞두고 다녀온 미리내성지, 세 번 다녀온 솔뫼성지, 시복시성을 위해 걸었던 내포 도보 성지길, 절두산에서 새남터까지 걷고, 소년 레지오와 다녀온 새남터성지, 절두산성지에 모셔진 신부님께 받은 수차례의 강복들, 서소문성지 방문, 다블뤼 주교님의 초가집이 있던 신리성지에 찾아간 사연, 솔뫼성지 요셉 신부님과의 특별한 인연들, 서울살이 첫해에 다녀가신 요한 바오로 2세 교황님, 기적처럼 초대받았던 프란치스코 교황님 알현 은총들이 줄줄이 이어져 나왔다.

공소에 나무와 꽃을 사다 심고 가꾸었던 사목회장이셨던 바오로 아버지, 열일곱 살에 소 풀 먹이러 다닐 때도 요리문답 교리 책을 들고 다니며 외웠다는 마리아 어머니, 글자 하나 틀리지 않고 찰고를 해서 신부님이 칭찬했다는 행복한 옛이야기를 자랑하신다.

일 년에 한두 번 오셨던 루시아 외할머니는 아침저녁으로 거울 앞에서 무릎 꿇고 묵주신공을 바치셨다. 엄숙하고 경건했던 뒷모습이 선하다.

꽤 먼 거리에 자리한 공소를 지을 때 일꾼들을 위해 펄펄 끓는

팥죽을 머리에 이고 외할머니와 걸어갔는데 뜨겁지도 않았고 힘든 기억도 없다고 하시는 어머니, 삼복더위도 비껴간 기적 같은 일상들을 상상해 본다.

섬마을 공소에서 들꽃을 꺾어 제대 봉사를 했던 마리아 아가씨는 한참 떨어진 다른 섬 공소 청년 회장이었던 바오로를 만나 성가정을 이루었다. 나는 형제 많은 집 둘째 딸로 태어나 세례명으로 불리며 자랐고, 학교 건물이 부족한 때에 공소에서 1학년을 보냈다. 성당학교를 다닌 셈이다. 본교에서 모여 성당으로 향했고, 하교 인사를 하러 운동장에 모였다가 집으로 갔다.

천장이 엄청 높은 공소 안에서 추위에 떨며 신체검사를 했던 일도 떠오른다. 빨간 벽돌 건물에 종이 매달려 있었는데 아쉽게도 공소 건물은 사라졌다.

마을 사람들에게 천주교를 알리는 일에 앞장섰던 아버지가 간직한 '견진기념'이라고 적힌 흑백 사진 속에 말끔하게 차려입은 마을 사람들과 검은 수단의 신부님, 하얀 미사보를 쓴 여인들이 꽤 많은 단체 사진 속에 멋지게 남아있을 뿐이다.

아버지가 쇠죽 끓이는 아궁이 불 앞에서 하염없이 부르던 시조 읊는 가락이 일찍 하늘나라로 떠난 할아버지를 연도하는 기도였다는 것을 아버지를 보내고서야 알게 되었다.

아버지가 남긴 책 중에 경향잡지사에서 발간한 《교부들의 신앙》이란 감청색 양장본의 낡은 책을 발견했다. 한자가 거의 대부

분인 세로로 편집된 읽기 어려운 책이다. 도시에 나가서 사오고 호롱불 아래서 농부인 아버지가 읽었다는 점도 대단하다는 생각이 들었다.

　표지를 넘기자 한자로 어머니, 아버지의 성함과 시골 집 주소가 적혀 있고, '金 요비다'라는 내 세례명이 적혀 있었다. 지금도 무척 놀랍고 가슴 아픈 일로 남아 있다. 아버지가 살아 계셨으면 호탕하게 답변해 주셨을 텐데, 영원히 풀 수 없는 숙제를 안고 김대건 신부님에게 기도를 드렸다. 부족함이 많지만 작품을 쓸 수 있게 함께해 달라는 도움 요청을 드렸다.

　아버지가 아셨으면 가장 기뻐했을 일이라는 아쉬움에 자주 눈물을 쏟았다. 어느 날 밤 김대건 신부님이 꿈에 찾아오셨다. 아버지를 찾아가 만나겠다는 말씀을 남기셨다.

　마음을 가다듬고 쓰기 시작했다. 신앙의 신비다.

　고통과 비참함으로 가득 찬 생처럼 보이는 김대건 신부님의 일생을 쓴다는 것은 하느님을 더 가까이에서 만나는 여정이 아닐까 싶었다. 그 과정의 뿌리는 부모님의 신앙 덕분이라는 감사한 생각이 들자 문장이 다가왔다.

　오랫동안 마음을 사로잡았던 장면은 라파엘호를 타고 조선에 입국할 때 생사가 걸린 풍랑의 바다였고, 눈물이 뚝뚝 떨어졌던 문장은 어머니와 마지막이 될 줄 모르고 인사를 나누던 순간이었다.

초대교회 신자들이 머나먼 산길을 넘어 신부님을 만나러 오던 험한 밤길이 걱정되었지만, 공동체 미사를 드리고 작은 밥상을 나눌 때는 눈시울이 젖어올랐다.

작품을 마치고 이삿짐을 정리하면서 또 놀라운 순간들을 맞았다. 서랍 안쪽에서 꽤 많은 김대건 신부님 관련 기사와 자료가 나왔다. 순교 160주년 기념 상본은 14년 전 기록물이다. 은이공소 전면 홍보 기사와 김대건 신부님의 특별한 행적 발견들이 기록된 《평화신문》, 《가톨릭신문》 자료들이 많았다.

아주 오래전 작은 관심들이 김대건 신부님을 기록하는데 겨자씨 역할을 한 것만 같아 뿌듯했다.

문득 첫영성체 모시기 전에 하느님께 기도드렸던 세 가지 소원도 떠올랐다. 세 번째 소원이 진행 중인 2020년은 여러 가지로 잊지 못할 해다.

박해 시절에도 멈추지 않았던 한국 천주교회 미사가 코로나19로 236년 만에 중단되었던 2020년, 유네스코 세계 인물로 선정된 성 김대건 신부님 탄생 200주년이 되는 2021년에는 코로나19가 종식되고 거룩한 성가가 울려 퍼지는 성당에서 미사를 드릴 수 있기를 기도한다.

기도로 함께해 주시는 가족들과 은인들, 특별한 책으로 만들어 주신 도토리숲 출판사 대표님, 영성을 더해 주신 신슬기 그림작가에게 고마운 인사 전합니다.

바쁘신 중에도 뜻깊은 추천사를 써 주신 솔뫼성지 주임 신부이셨던 김성태 요셉 내포교회사 연구소장 신부님과 축복 기도해 주신 최 베드로 신부님, 기뻐하며 응원해 주신 여러 신부님, 수녀님께 감사기도 올립니다. 구할 수 없는 책(웅진위인전기 제18권 김대건)을 제본해 주시고 격려해 주신 이승하 프란치스코 교수님, 흔쾌히 추천 글 써 주신 문삼석 모세 선생님께도 깊은 감사를 드립니다.

성 김대건 신부 탄생 200주년을 앞두고
2020년 대림절에

-김영 요비타엘리사벳

성 김대건 안드레아 신부 연보

1821년 8월 21일

충청남도 솔뫼(당진시 우강면)에서 아버지 김제준 이냐시오와 어머니 고 우르술라의 장남으로 태어남. 아명은 재복(再福), 관명은 지식(芝植), 뒤에 대건(大建)으로 개명함.

1836년(16세)

- 4월. 프랑스 파리외방전교회 소속 모방 신부에게 '안드레아'라는 이름으로 은이공소에서 세례를 받고, 신학생으로 선발됨.
- 12월 3일. 최방제 프란치스코와 최양업 토마스와 함께 조신철 가롤로 등의 안내로 청나라 변문(邊門)으로 떠남.
- 12월 28일. 조선에 입국하기 위해 중국 랴오둥(요동)에 머물던 샤스탕 신부 댁에 도착함.

충청남도 당진시 솔뫼성지에 있는 김대건 신부의 생가

1837년(17세)

- 6월 7일. 중국(청나라)을 도보로 걸어 마카오에 도착함.
  프랑스 파리외방전교회 극동 대표부 동양경리부에서 신부들에게 수업을 들음. 이때 라틴어 기초와 중등 교육 과정을 공부함.

- 8월. 마카오에서 민란이 일어나 필리핀의 마닐라로 잠시 피신함.
  라틴어, 철학, 수학, 음악 등 정식 교육을 받음.

1838년(18세)

- 11월 27일. 최방제 프란치스코가 마카오에서 병으로 세상을 떠남.

1839년(19세)

마카오에서 또 민란이 일어나 필리핀의 마닐라로 피신했다가 롤롬베이에서 공부하고 마카오로 다시 돌아옴. 이때 아버지 김제준 이냐시오의 편지를 1년 만에 받음.

1840년(20세)

마카오에서 2년간 라틴어, 프랑스어 회화, 철학 공부를 함. 몸은 병약했으나, 성실하고 인내심이 강하고 명석하여 학문에서 탁월한 성적을 냄.

1841년(21세)

- 11월. 마카오에 민란이 다시 일어나 마닐라로 다시 피신함.
  최양업 토마스와 철학 과정을 이수하고 신학 과정에 입문함.

1842년(22세)

- 2월 15일. 메스트르 신부와 프랑스 함대 세실 제독의 에리곤호에서 세실 함장의 통역관으로 활약함. 조선 입국을 위해 마카오에서 출발함.

- 10월 26일. 랴오둥(요동)의 백가점(白家店)에 도착함.

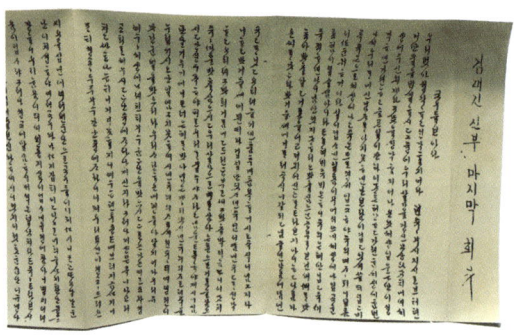

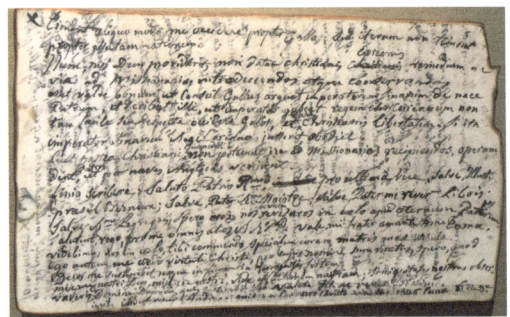

김대건 신부가 리부아 신부에게 친필로 쓴 라틴어 편지와
순교 전에 천주교 교우에게 전하는 편지글

최양업 토마스와 메스트르 신부와 함께 조바자츠(소팔가자, 小八家子)로 떠남.

- 12월 27일. 동지사 사신 일행으로 따라온 비밀 교우 김 프란치스코를 만나 조선의 소식을 들음.

- 12월 29일. 변문을 출발하여 첫 번째 귀국을 시도함. 삼엄한 국경 검문대를 통과하기 어려움.

- 12월 31일. 압록강을 건너 변문으로 돌아감.

1843년(23세)

- 3월. 조선에 다시 입국할 방법을 찾기 위해 청나라 변문에서 조선 교우와 접촉하고 백가점(白家店)으로 돌아옴.
- 4월. 조바자츠(소팔가자, 小八家子)로 거처를 옮겨 최양업 토마스와 신학 공부를 함.

1844년(24세)

- 2월 4일. 페레올 주교의 부탁으로 조선으로 가는 북방 입국로 탐색을 위해 훈춘(琿春)으로 출발함.
- 3월 8일. 조선 교구 3대 교구장 페레올 주교의 명으로 서양 신부들의 조선 입국을 위해 두만강을 건너 조선에 입국함. 훈춘을 거쳐 조선에 들어옴. 경원에서 조선인 교우를 만남.
- 12월. 신학 공부를 마치고 만주 소팔가자(小八家子) 성당에서 페레올 주교에게 부제 서품을 받음.

1845년(25세)

- 1월 1일. 조선 교우와 만나 조선에 들어옴.
- 1월 15일. 한성에 도착함. 돌우물골(서울시 중구 을지로 석정동)에 유숙하면서 신부님들을 모셔 오기 위해 준비함. 이때 선교사들을 위한 '조선전도'를 제작함.
- 4월 30일. 신부님을 조선으로 모시기 위해 현석문 가롤로와 조선인 교우 11명과 함께 제물포에서 배를 타고 출발하여 6월 4일 상하이에 도착함.
- 8월 17일. 중국 상하이 김가항(金家巷) 성당에서 페레올 주교에게 신품 성사를 받음. 한국인 최초 천주교 사제가 됨.

1845년에 김대건 신부가 제작한 조선전도. 프랑스 선교사들의 조선 입국을 돕기 위해 산천과 도시 이름은 로마자로 표기하여 제작한 지도이다. 독도가 로마자 'Ousan'으로 표기되어 있으며, 조선과 독도가 우리나라 고유 영토임을 서구에 알리는 역할을 하였다. 프랑스국립도서관 소장. 충청남도 당진시 솔뫼성지 제공.

- 8월 24일. 상하이에서 약 10킬로미터 떨어진 만당(萬堂) 성당에서 첫 미사를 집전함.

- 8월 31일. 조선 입국을 위해 페레올 주교, 다블뤼 신부와 함께 라파엘(Raphael)호를 타고 상하이에서 출발함.

- 10월 12일. 바다에서 표류하다가 원래 목적지인 한성이 아닌 충청남도 강경 부근 황산포 나바위에 도착함. 경기도 용인 은이마을로 가 사목 활동과 전교 활동을 시작함.

1846년(26세)

- 4월 8일. 은이공소에서 천주교 신자들과 처음이자 마지막인 공식 미사를 집전함.

- 5월 14일. 페레올 주교의 지시를 받고 서해 해로를 통한 서양 신부의 입국로를 개척하기 위해 교우들과 함께 마포에서 인천 백령도로 출발함.

- 5월 28일. 인천 백령도에 도착함.

- 6월 5일. 인천 순위도에서 관헌에 체포됨.

- 6월 9일. 해주 감영으로 이송됨.

- 6월 21일. 한성 포도청으로 압송되어 문초를 받음. 김대건 안드레아 신부가 신학생으로 마카오에 유학한 사실과 천주교 사제가 된 것이 밝혀짐.

- 8월 29일. 조선의 교우들에게 보내는 고별사를 작성함.

- 9월 15일. 나라 허가 없이 국경을 넘나들고 국가에서 금한 천주교를 포교한 죄명으로 군문효수형의 선고를 받음.

- 9월 16일. 한성 새남터에서 군문효수로 순교함.

- 10월 26일. 용인 천주교 신자 이민식 빈첸시오가 김대건 안드레아 신부의 시신을 새남터에서 수습하여 경기도 안성에 있는 미리내(경기도 안성시 양성면 미산리)에 안장함.

1857년
- 9월 23일. 로마 교황청에서 가경자(복자가 되기 전에 주어지는 존칭)로 선포함.

1901년
- 5월 18일. 김대건 안드레아 신부의 유해를 용산 예수성심신학교 성직자 묘지로 이장함.

1925년
- 7월 5일. 교황 비오 11세가 복자로 선포함. 복자품(성인으로 인정되기 전에 공식으로 공경할 수 있다고 교회가 인정하는 지위)을 받음.

1949년
- 11월 15일. 김대건 안드레아 신부를 한국 천주교 성직자들의 대주보(大主保)로 결정함. 로마 교황청에서 복자품을 받은 7월 5일을 김대건 안드레아 신부 축일로 정함.

1951년
김대건 안드레아 신부 두개골을 혜화동 가톨릭대학교로 옮겨 안치함.

1984년
- 5월 6일. 서울 여의도 광장에서 내한한 교황 요한 바오로 2세가 김대건 안드레아 신부를 성인으로 시성하며 성인품에 오름. 한국 천주교 성직자들의 수호성인이 됨.

김대건 신부 초상, 명동대성당 소장, 명동대성당 제공.

2014년 8월 15일

프란치스코 교황, 김대건 안드레아 신부 생가가 있는 솔뫼성지를 방문함.

2015년

사제 서품 170주년을 맞아 다양한 행사를 거행함.

2016년

순교 170주년을 맞아 기념행사를 거행함.

2019년

- 11월 14일. 2021년 김대건 안드레아 신부 탄생 200주년을 맞아 유네스코가 '2021년 세계 기념 인물'로 선정함.

참고문헌

이승하 저, 《최초의 신부 김대건》, 나남출판사, 2017
김남조 저, 《시로 쓴 김대건 신부》, 고요아침, 2017
박경선 저, 《김대건》, 파랑새어린이, 2007
goodnews, 《가톨릭대사전》

사진 제공

당진 솔뫼성지, 〈조선전도〉, 168쪽
명동대성당, 〈김대건 신부 초상〉, 171쪽

도토리숲 문고 06

우리나라 가장 먼저 사제

김대건 안드레아 신부

교회인가 | 2020년 12월 17일
초판 1쇄 펴낸 날 | 2021년 1월 2일
초판 2쇄 펴낸 날 | 2021년 5월 31일

글쓴이 | 김영 **그린이** | 신슬기
펴낸이 | 권인수 **펴낸 곳** | 도토리숲 **출판등록** | 2012년 1월 25일(제313-2012-151호)

주소 | 서울 마포구 월드컵북로 207, 302호(성산동 157-3)
전화 | 070-8879-5026 **팩스** | 02-337-5026 **이메일** | dotoribook@naver.com
블로그 | https://blog.naver.com/dotoribook
기획편집 권병재 | **디자인** 김은란

글 ⓒ 김영 2021, 그림 ⓒ 신슬기 2021

ISBN 979-11-85934-57-0 74810
       979-11-85934-28-0 (세트)

＊이 책은 저작권법에 따라 보호를 받는 저작물이므로, 무단 전재와 무단 복제를 금하며,
  이 책에 실린 내용을 이용하시려면 반드시 저작권자와 도토리숲의 동의를 받아야 합니다.

＊책값은 뒤표지에 있습니다.

＊이 도서의 국립중앙도서관 출판예정도서목록(CIP)은 서지정보유통지원시스템 홈페이지
  (http://seoji.nl.go.kr)와 국가자료공동목록시스템(http://www.nl.go.kr/kolisnet)에서 이용
  하실 수 있습니다. (CIP제어번호: CIP2020051069)

※어린이 안전 특별법에 의한 제품 표시

품명 도서 / **제조자명** 도토리숲 / **주소** 서울시 마포구 월드컵북로 207
연락처 070-8879-5026 / **최초 제조연월** 2021년 1월 / **제조국** 대한민국 / **사용연령** 10세 이상

글쓴이_ **김영**(요비타엘리사벳)

목포의 작은 섬 '달리도'에서 태어나, 천주교 집안에서 자랐습니다. 2004년 시 〈겨울 열매〉로 《심상》 신인상에 당선되고, 2005년 동시 〈외할아버지〉 외 5편으로 제3회 푸른문학상 '새로운 시인상' 대상을 수상했습니다. 2012년 〈떡볶이 미사일〉로 김장생문학상을, 2014년에 한국안데르상 동시부문과 2015년 중편동화 〈유별난 목공집〉으로 5·18문학상 동화부문을 수상하였습니다.

지은 책으로 《떡볶이 미사일》, 《바다로 간 우산》, 《걱정해결사》 동시집과 《유별난 목공집》 동화책이 있습니다. 《우리나라 가장 먼저 사제 김대건 안드레아 신부》는 처음 쓴 인물이야기입니다. 어린 시절 읽은 동화 주인공들처럼 해피엔딩을 꿈꾸며 책을 소중하게 여기는 사람들과, 착하고 따뜻한 사람들을 좋아합니다.

지금 '한국동시문학회', '(사)한국아동문학인협회'와 '(사)새싹회', '(사)한국가톨릭문인회' 회원으로 활동하며, 문화센터와 도서관에서 어린이들을 만나고 있습니다.

그린이_ **신슬기**

그림 그리기와 책 읽기를 좋아해서, 좋아하는 일을 계속 찾아가다 보니 자연스럽게 책에 그림을 그리고 있습니다. 보석 같은 말들에 귀 기울이는 일을 하며 살 수 있어 행운이라고 생각합니다. 그림을 그린 책으로는 《미션! 황금 카드를 모아라!》, 《북극곰 고미의 환경 NGO 활동기》, 《이야기 교과서 인물 : 방정환》, 《별이 된 라이카》, 《백범일지》들이 있습니다.